Project Finance no Brasil

Project Finance no Brasil

ANÁLISE CRÍTICA E PROPOSTAS DE APERFEIÇOAMENTO

2020

Tomás Neiva

***PROJECT FINANCE* NO BRASIL**
ANÁLISE CRÍTICA E PROPOSTAS DE APERFEIÇOAMENTO
© Almedina, 2020
AUTOR: Tomás Neiva
PREPARAÇÃO E REVISÃO: Tereza Gouveia e Lyvia Felix
DIAGRAMAÇÃO: Almedina
DESIGN DE CAPA: Roberta Bassanetto
ISBN: 9786556270500

Dados Internacionais de Catalogação na Publicação (CIP)
(Câmara Brasileira do Livro, SP, Brasil)

Neiva, Tomás
Project finance no Brasil : análise crítica e propostas de aperfeiçoamento / Tomás Neiva. -- São Paulo : Almedina, 2020.

Bibliografia.
ISBN 978-65-5627-050-0

1. Contratos 2. Finanças - Brasil 3. Infraestrutura (Economia) 4. Projetos - Financiamento 5. Projetos de desenvolvimento econômico 6. Projetos de desenvolvimento econômico - Financiamento 7. Segurança jurídica I. Título.

20-38218　　　　　　　　　　　　　　　　　CDU-347.44(81)

Índices para catálogo sistemático:
1. Brasil : Project finance : Direito contratual 347.44(81)
Cibele Maria Dias - Bibliotecária - CRB-8/9427

Este livro segue as regras do novo Acordo Ortográfico da Língua Portuguesa (1990).

Todos os direitos reservados. Nenhuma parte deste livro, protegido por copyright, pode ser reproduzida, armazenada ou transmitida de alguma forma ou por algum meio, seja eletrônico ou mecânico, inclusive fotocópia, gravação ou qualquer sistema de armazenagem de informações, sem a permissão expressa e por escrito da editora.

Agosto, 2020

EDITORA: Almedina Brasil
Rua José Maria Lisboa, 860, Conj.131 e 132, Jardim Paulista | 01423-001 São Paulo | Brasil
editora@almedina.com.br
www.almedina.com.br

Para Maria, Luísa e João, meus três tesouros.

PREFÁCIO

Este livro é fruto de cuidadoso trabalho de pesquisa e reflexão, desenvolvido no âmbito do curso do mestrado profissional da Escola de Direito de São Paulo da Fundação Getulio Vargas (FGV DIREITO SP), o qual tive a honra de orientar. O trabalho mereceu aprovação destacada da banca examinadora e assegurou a titulação do autor.

O texto apresenta a estrutura básica da operação de financiamento de projeto e suas múltiplas aplicações concretas, sobretudo no campo da infraestrutura pública. Chama atenção também para as disfuncionalidades do modelo praticado no Brasil, quando comparado com a experiência internacional.

A principal disfuncionalidade consiste na exigência, pelos financiadores, de garantias pessoais dos patrocinadores do projeto (ou acionistas da empresa financiada). A atitude defensiva retira muitas das vantagens da operação, a começar pela limitação do acesso somente a grandes grupos econômicos com capacidade financeira para fornecer as garantias corporativas demandadas. Além disso, contrasta com o *modus operandi* vigente em outros países, em que o financiamento é respaldado apenas pelas receitas e pelos ativos do projeto, sem possibilidade de recurso ao patrimônio dos patrocinadores.

O trabalho mostra ainda que a prática brasileira é prejudicial ao desenvolvimento do setor de infraestrutura e pode estar associada à posição historicamente monopolista do Banco de Desenvolvimento Econômico e Social (BNDES), na oferta de crédito para empreendimentos de longa maturação. Essa postura favorece o comodismo do financiador na estruturação e no monitoramento dos projetos financiados, notadamente na fase pré-operacional de construção (isto é, até o *completion*).

Na sequência, o autor apresenta soluções exitosas, adotadas na Espanha, no Peru e na Colômbia, que poderiam servir de inspiração para o aprimoramento do modelo nacional. Destaca também a mudança recente no cenário brasileiro, em que o mercado de capitais se tornou a alternativa preferencial de financiamento de projetos de infraestrutura, por meio da emissão de debêntures incentivadas. No entanto, a bancabilidade do projeto pressupõe que a modelagem contratual seja adequada, sobretudo no que se refere à matriz de riscos.

Nesses casos, as garantias outorgadas à coletividade dos debenturistas ficam restritas às receitas do projeto e às ações do capital da empresa concessionária financiada. O exemplo precursor foi a concessão rodoviária licitada em 2017 pelo governo do estado de São Paulo, tendo por objeto o lote Centro-Oeste Paulista. A licitação foi vencida pelo Grupo Pátria, que constitui a sociedade de propósito específico Entrevias para explorar a concessão. A Entrevias dispensou os recursos do BNDES e conseguiu captar cerca de R$ 1 bilhão com a emissão de debêntures subscritas por investidores institucionais, para financiar parte dos investimentos mandatórios da concessão.

A obra ora publicada é um bom exemplo do modelo de pesquisa adotado no mestrado profissional da FGV DIREITO SP, cuja tônica recai sobre o caráter aplicado do resultado da investigação. A utilidade prática é relevada pelo componente prescritivo, sob a forma de recomendações de conduta dirigidas aos operadores do Direito, ou de propostas de aprimoramento do marco legal e regulatório.

Para isso, o trabalho não pode se limitar a discutir uma questão conceitual ou um problema hermenêutico situado no plano puramente abstrato. Tampouco precisa explorar desavenças doutrinárias ou buscar avançar proposições teóricas. No fundo, o pesquisador se serve do referencial teórico-normativo disponível para resolver questões práticas, sem deixar de lado o senso crítico ou descurar da solidez da fundamentação jurídica das soluções propostas. O domínio da legislação aplicável, assim como dos entendimentos doutrinários e jurisprudenciais existentes, tem função instrumental e não deve ser encarado como objetivo maior do trabalho. Importa menos dar uma resposta com pretensões de verdade dogmática e, sim, mapear controvérsias jurídicas para identificar riscos e sugerir alternativas de mitigação.

PREFÁCIO

Para dar conta disso, a pesquisa deve se preocupar inicialmente em conhecer e compreender o contexto fático, a partir de uma visão integrada e multidisciplinar da realidade, para então identificar estratégias de ação juridicamente embasadas. Essa postura transcende a dicotomia clássica entre lícito e ilícito que tem orientado a produção doutrinária na área jurídica. Não basta ao jurista moderno responder a questões sobre legalidade de condutas; ele também precisa formular juízos de equidade ou de conveniência, dentro da moldura legal previamente definida.

De outro lado, o saber jurídico não mais se amolda às fronteiras disciplinares tradicionais do Direito, que se tornaram artificiais em face da complexidade dos problemas atuais. Tampouco o Direito pode ser corretamente aplicado sem levar em conta a realidade concreta e as consequências práticas das soluções propostas. Para cumprir sua missão, tanto o pesquisador docente quanto o profissional militante devem ser capazes de transitar entre os vários ramos do Direito e manter diálogo com outras áreas afins do conhecimento.

É necessário ainda que o pesquisador utilize outras fontes de informação ou meios de consulta, como análise documental, banco de dados, entrevistas com atores relevantes e uso da própria experiência (desde que devidamente explicitada e qualificada). Daí resulta um trabalho de pesquisa que não se serve apenas de referências bibliográficas, nem se limita a reproduzir conhecimento doutrinário já publicado.

Neste livro, Tomás Neiva atingiu todos esses objetivos valendo-se, especialmente, da sua experiência trabalhando por vários anos com financiamento de projetos na Espanha. Espera-se, assim, que a sua obra proporcione ao leitor não apenas a aquisição de conhecimento qualificado e teoricamente robusto, mas sobretudo útil e diretamente aplicável à atividade profissional.

MARIO ENGLER PINTO JUNIOR
Professor e Coordenador do Mestrado Profissional da Escola de Direito de São Paulo da Fundação Getulio Vargas (FGV DIREITO SP)

LISTA DE ABREVIATURAS

ABDIB	–	Associação Brasileira da Infraestrutura e Indústrias de Base
ANBIMA	–	Associação Brasileira das Entidades dos Mercados Financeiro e de Capitais
ANEEL	–	Agência Nacional de Energia Elétrica
ANI	–	Agencia Nacional de Infraestructuras
Art.	–	Artigo
ARTESP	–	Agência de Transporte do Estado de São Paulo
BNB	–	Banco do Nordeste do Brasil
BNDES	–	Banco Nacional de Desenvolvimento Econômico e Social
CAF	–	Corporación Andina de Fomento
CCEAR	–	Contratos de Comercialização de Energia no Ambiente Regulado
CCEE	–	Câmara de Comercialização de Energia Elétrica
CRPAO	–	Certificados de Reconocimiento de Derechos del Pago Anual por Obras
DR	–	Diferencia de Recaudo
ENTREVIAS	–	Entrevias Concessionária de Rodovias S.A.
EPC	–	Engineering, Procurement and Construction
ESA	–	Equity Support Agreements
FDN	–	Financiera de Desarrollo Nacional
FGIE	–	Fundo Garantidor de Infraestrutura
FGV	–	Fundação Getulio Vargas
FIAS	–	Foreign Investment Advisory Services
FMI	–	Fundo Monetário Internacional
ICO	–	Instituto de Crédito Oficial
IFC	–	International Finance Corporation
IFD	–	Instituições financeiras públicas de desenvolvimento
INFRAERO	–	Empresa Brasileira de Infraestrutura Aeroportuária
IPCA	–	Índice Nacional de Preço ao Consumidor
KPMG	–	KPMG Risk Advisory Services
MIGA	–	Multilateral Investment Guarantee Agency

OCDE – Organização para a Cooperação e Desenvolvimento Econômico
PIB – Produto Interno Bruto
PMI – Procedimento de Manifestação de Interesse
PPA – Power Purchase Agreements
PPI – Programa de Parcerias de Investimentos
PPP – Parcerias Público-Privadas
RPICAO – Remuneración por Inversiones según Certificado de Avance de Obra
SPE – Sociedade de Propósito Específico
STJ – Superior Tribunal de Justiça
TCU – Tribunal de Contas da União
TJLP – Taxa de Juros de Longo Prazo
TLP – Taxa de Longo Prazo
UE – União Europeia

SUMÁRIO

INTRODUÇÃO 15

1. CONTEXTUALIZAÇÃO FÁTICA DO *PROJECT FINANCE* 21
   1.1. Traços distintivos 21
   1.2. Exemplos de utilização 23
   1.3. Principais vantagens e desvantagens 25
   1.4. O modelo brasileiro de financiamento de projetos 27

2. CONTEXTUALIZAÇÃO JURÍDICA DO *PROJECT FINANCE* 39
   2.1. Responsabilidade limitada dos patrocinadores 39
   2.2. Auditoria do projeto 41
   2.3. Arranjo contratual 42
       2.3.1. Contratos destinados a assegurar o fluxo de caixa do projeto 44
       2.3.2. Contratos operacionais 46
           2.3.2.1. Contrato de construção 46
           2.3.2.2. Contrato de fornecimento 48
           2.3.2.3. Contrato de operação e manutenção 49
           2.3.2.4. Apólices de seguro 50
       2.3.3. Contratos financeiros e de garantias 51
           2.3.3.1. Contratos financeiros 51
           2.3.3.2. Contratos de garantias 54

3. ANÁLISE CRÍTICA DO MODELO BRASILEIRO DE FINANCIAMENTO DE PROJETOS 59
   3.1. A exigência de garantia pessoal como disfunção do modelo brasileiro 59
   3.2. Principais entraves jurídicos à adoção do *project finance* no brasil 63
       3.2.1. Insegurança jurídica 63

        3.2.2. Insuficiência de arranjos contratuais mitigadores
                dos riscos de construção   74
        3.2.3. Limitação da análise e do acompanhamento do projeto
                pelos agentes financeiros   77

4. PROPOSTAS DE APERFEIÇOAMENTO   79

    4.1. *First-best*: um pacto para dotar os projetos de infraestrutura
          de maior segurança jurídica   79
    4.2. *Second-best*: alternativas enquanto o pacto não vem   87
        4.2.1. Primeira proposição: atuação projeto por projeto, inspirada
               no "Caso Entrevias"   88
        4.2.2. Segunda proposição: mitigação dos riscos de construção   96
               4.2.2.1. Espanha: maior envolvimento dos agentes financeiros
                       no projeto   97
               4.2.2.2. Peru: securitização de recebíveis como forma
                       de eliminação do risco de construção   99
               4.2.2.3. Colômbia: atuação dos bancos de fomento como
                       garantidores de riscos específicos do projeto   102

CONCLUSÃO   107

REFERÊNCIAS   111

INTRODUÇÃO

O Brasil é um país carente em infraestruturas. O *ranking* de competitividade global divulgado pelo Fórum Econômico Mundial em 2018 situa o Brasil na 81ª posição nesse quesito, entre 140 países avaliados, atrás de todos os demais membros do BRICS[1] e de muitos outros países de menor expressão econômica.[2]

Estudos apontam que o Brasil tem investido, em média, 2% do Produto Interno Bruto (PIB) em infraestrutura, quando deveria despender pelo menos o dobro disso, por no mínimo 25 anos, para universalizar os serviços básicos à população.[3] A China, por exemplo, investe 8% do PIB

---

[1] Acrônimo que se refere ao grupo de países emergentes composto por Brasil, Rússia, Índia, China e África do Sul.

[2] SCHWAB, Klaus. *The global competitiveness report 2018*. Cologny/Geneva/Switzerland: World Economic Forum, 2018. Disponível em: http://www3.weforum.org/docs/GCR2018/05FullReport/TheGlobalCompetitivenessReport2018.pdf. Acesso em: 17 mar. 2019.

[3] SORIMA NETO, João; SCRIVANO, Roberta. País precisa de um salto nos investimentos, 6% do PIB. *Valor Econômico*, São Paulo, 2 ago. 2018. Disponível em: https://www.valor.com.br/brasil/5705637/pais-precisa-de-um-salto-nos-investimentos-para-6-do-pib. Acesso em: 1 mar. 2019. No mesmo sentido, a Associação Brasileira da Infraestrutura e Indústrias de Base (ABDIB) aponta: "A necessidade de investimentos na infraestrutura é avassaladora. A infraestrutura precisa de aproximadamente R$ 300 bilhões ao ano (algo em torno de 5% do PIB), por uma década seguida, ininterruptamente, se a pretensão for dotar o país de condições para a inserção competitiva na economia global e para a ampliação da qualidade de vida interna. Mas, em 2017, os investimentos públicos e privados somaram pouco mais de 1,5% do PIB, o que é claramente insuficiente até para repor a depreciação (o que demanda 3% do PIB em investimentos)" (ASSOCIAÇÃO BRASILEIRA DA INFRAESTRUTURA E INDÚSTRIAS DE BASE. *Agenda de propostas para a infraestrutura 2018*. São Paulo: ABDIB,

e a Índia 5%.[4] Na prática, estima-se serem necessários R$ 8 trilhões ao longo de 20 anos.[5]

O *project finance*, método de financiamento que se fundamenta na capacidade do próprio projeto financiado de gerar os recursos necessários ao pagamento da dívida, pode exercer um papel fundamental neste contexto. De fato, em muitos países, tal método vem sendo utilizado como elemento propulsor do desenvolvimento, canalizando recursos provenientes de distintas fontes para o financiamento de projetos de infraestrutura.

A lógica é simples: projetos de qualidade, se bem estruturados, são autossustentáveis, podendo ser financiados com lastro nos seus próprios fluxos de caixa futuros, sem comprometer a capacidade patrimonial daqueles que os promovem.

Em que pese os benefícios do *project finance*, o modelo de financiamento de projetos vigente no Brasil apresenta algumas particularidades que o distinguem da prática internacional.

Em especial, dificilmente se verifica, no modelo brasileiro, financiamentos exclusiva ou preponderantemente lastreados nos fluxos de caixa futuros do projeto. Pelo contrário, é prática comum exigir dos patrocinadores dos projetos garantias pessoais, para cobrir a eventual insuficiência de receitas oriundas do próprio empreendimento financiado.

Partindo da constatação de que essa prática é uma disfunção do modelo brasileiro de financiamento de projetos, que o afasta da essência do *project finance* e da finalidade a que tal método se destina, a presente obra propõe-se a identificar os principais entraves jurídicos que dificultam a efetiva adoção do *project finance* no Brasil para, em seguida, propor medidas com vistas à sua superação.[6]

2018. p. 5. Disponível em: https://www.abdib.org.br/wp-content/uploads/2018/08/Agenda-de-propostas-da-infraestrutura-2018.pdf. Acesso em: 10 jan. 2019).

[4] OLIVEIRA, Maurício. A raiz do nosso atraso. *Exame*, São Paulo, ed. 1167, ano 52, n. 15, p. 23, 8 ago. 2018.

[5] *Ibid.*, p. 23.

[6] Agradeço a todos os profissionais entrevistados durante a investigação que deu origem a esta obra, cujos relatos e opiniões se revelaram absolutamente fundamentais aos destinos do trabalho: Carla Primavera, Superintendente da Área de Energia do Banco Nacional do Desenvolvimento Econômico e Social (BNDES); Francisco Noguera, *counsel* do escritório Garrigues em Bogotá (Colômbia); Gabriel Galípolo, Diretor Presidente do Banco Fator; Gilson de Oliveira Carvalho, Diretor Administrativo Financeiro da Entrevias S/A; José Guardo, sócio do escritório Clifford Chance em Madri (Espanha); Oscar Arrús, sócio do escritório

INTRODUÇÃO

▷ Problemas a serem enfrentados

À luz do exposto, esta obra enfrenta as seguintes questões:

(a) Quais os traços distintivos do *project finance*, de acordo com as melhores práticas internacionais?
(b) Qual o modelo de financiamento de projetos usualmente adotado no Brasil?
(c) Em que medida o modelo brasileiro se assemelha ou se diferencia da prática adotada em outros países?
(d) Quais os principais entraves jurídicos que dificultam a efetiva adoção do *project finance* no Brasil?
(e) O que pode ser feito para superar os referidos entraves jurídicos e o que a prática internacional tem a nos ensinar a esse respeito?

O tema é complexo e exige uma análise, necessariamente, multidisciplinar. Há uma série de fatores não jurídicos – de ordem econômica, política e inclusive cultural – que contribuem, talvez de maneira ainda mais determinante que os jurídicos, para o modelo brasileiro de financiamento de projetos em sua formulação atual.[7]

Nesse sentido, a identificação – e mesmo a eventual superação – dos entraves jurídicos que dificultam a adoção do *project finance* no Brasil é elemento necessário, mas não suficiente, para a efetiva implementação desta modalidade de financiamento no país. Este fato constitui, naturalmente, uma limitação ao presente estudo.

Por consequência, esta obra não tem a pretensão de identificar todas as causas das particularidades que o modelo brasileiro apresenta, tampouco

---

Garrigues em Lima (Peru); Renata Dantas, Diretora de Assuntos Internacionais da Agência de Transporte do Estado de São Paulo (Artesp); e Ricardo Justo, *banker* do Brasil Plural. O autor manteve, ainda, conversas informais com Bernardo Tavares de Almeida, Larissa Leda Sabino e Rafael Maia Alves, da International Finance Corporation (IFC Brasil).

[7] A título exemplificativo, podem ser citados como fatores não jurídicos que afetam o objeto do presente trabalho: (i) econômicos: dificuldade (ou mesmo impossibilidade) de captação de recursos de longo prazo por parte dos bancos privados, o que lhes impede, por motivos regulatórios (Basileia III), de conceder financiamentos de longo prazo; taxas de juros (ainda) elevadas; (ii) políticos: resistência das classes políticas à implementação de reformas estruturais; utilização dos bancos públicos para fins político-partidários; (iii) culturais: falta de dedicação de tempo e recursos suficientes à fase preparatória dos projetos; imediatismo.

propor soluções para todos os problemas aqui abordados, dadas as limitações de escopo inerentes à sua natureza eminentemente jurídica.

Tampouco se pretende realizar aqui uma análise exaustiva das características jurídicas do *project finance* como modalidade de financiamento, na medida em que já existe literatura, tanto no Brasil como no exterior, que cumpre adequadamente esse papel.[8]

▷ **Precisões conceituais e terminológicas**

Para fins de clareza, convém realizar, desde já, algumas precisões conceituais e terminológicas que serão úteis à melhor compreensão desta obra.

Registre-se, em primeiro lugar, que o foco do presente trabalho é a contraposição entre o financiamento na modalidade *project finance* (com lastro nos fluxos de caixa futuros do projeto) e o financiamento corporativo convencional (com lastro na capacidade patrimonial dos receptores ou garantidores do financiamento), com independência da fonte de obtenção dos recursos.

Dito de outra forma: a questão mais relevante a ser analisada, para os fins aqui propostos, é se o financiamento está ou não lastreado (total ou preponderantemente) nos fluxos de caixa futuros do projeto, e não a origem dos recursos, razão pela qual este trabalho abordará, de maneira indistinta, financiamentos obtidos tanto no mercado de crédito (tipicamente, via financiamento bancário) como no mercado de capitais (tipicamente, via emissão de debêntures).

Por consequência, os termos "financiadores" e "agentes financeiros" serão utilizados nesta obra em sentido amplo, englobando todos os tipos de provedores de recursos para projetos de infraestrutura, incluindo organismos multilaterais, instituições financeiras públicas e privadas e investidores no âmbito do mercado de capitais.

Por outro lado, cabe esclarecer que o termo *"project finance"* será utilizado ao longo deste trabalho em inglês porque a sua simples tradução para

---

[8] Podem ser citadas como obras jurídicas de referência sobre *project finance*: (i) no Brasil: ENEI, José Virgilio Lopes. *Project finance:* financiamento com foco em empreendimentos (parcerias público-privadas, *leveraged buy-outs* e outras figuras afins). São Paulo: Saraiva, 2007; (ii) no exterior: HOFFMAN, Scott L. *The law and business of international project finance*. 3. ed. Cambridge: Cambridge University Press, 2008; VINTER, Graham. *Project finance*: a legal guide. 2. ed. London: Sweet & Maxwell, 1998.

o português – "financiamento de projetos" – não reflete adequadamente, na visão do autor, a ideia que se pretende transmitir. Como se verá, o *project finance* constitui uma metodologia de financiamento com características próprias, não podendo ser confundido com qualquer financiamento de projeto (ou com o financiamento de qualquer projeto).

O termo "projeto", por sua vez, será adotado no sentido de empreendimento (obra) que recebe o financiamento na modalidade *project finance*. Afasta-se, assim, a ideia de mera projeção ou plano preparatório, para exprimir a ideia do resultado final, isto é, a construção e organização de certo estabelecimento comercial para sua exploração econômica.[9]

O termo "infraestrutura" será utilizado em sentido amplo, englobando "[...] todo o substrato necessário ao desenvolvimento das atividades produtivas e também ao bem-estar da população".[10] Consideram-se incluídos neste conceito, portanto, projetos dos mais variados setores e indústrias: rodovias, portos, aeroportos, ferrovias, mobilidade urbana, telecomunicações, energia, petróleo e gás, recursos hídricos e saneamento básico, resíduos sólidos, entre outros.

O termo "patrocinador do projeto", equivalente ao termo inglês *sponsor*, largamente utilizado no mercado, designará a sociedade ou sociedades que, na qualidade de acionistas (diretos ou indiretos) da sociedade de propósito específico, tomam a iniciativa de implementar uma operação de financiamento de projetos, reunindo em torno do empreendimento os demais participantes.[11]

Em linha com a definição anterior, o termo "sociedade de propósito específico (SPE)" será utilizado, ao longo deste trabalho, para referir-se à sociedade constituída pelos patrocinadores com a finalidade específica de desenvolver o projeto.

Por fim, o termo "garantias pessoais" será adotado, em contraposição às "garantias reais", no sentido de fiança – vale dizer, o contrato por meio do qual uma pessoa garante satisfazer ao credor uma obrigação assumida pelo devedor, caso este não a cumpra[12] – englobando tanto a fiança dos

---

[9] ENEI, José Virgílio Lopes. *Op. cit.*, 2007, p. 15.
[10] SANT'ANNA, Lucas de Morais Cassiano. *Aspectos orçamentários das parcerias público-privada*. São Paulo: Almedina, 2018. p. 13.
[11] ENEI, José Virgílio Lopes. *Op. cit.*, 2007, p. 27-28.
[12] Art. 818 do Código Civil. (BRASIL. Lei n. 10.406, de 10 de janeiro de 2002. Institui o código civil. *Diário Oficial da União*, Poder Executivo, Brasília-DF: 11 jan. 2002. Disponível

próprios patrocinadores (corporativas) como as obtidas junto a instituições financeiras (bancárias), com vistas a garantir as obrigações assumidas pela SPE no financiamento.[13] Também serão considerados compreendidos neste conceito os *Equity Support Agreements* (ESAs) que, embora não tenham natureza jurídica de garantia, exercem função similar à da fiança (garantia pessoal por excelência).[14]

em: http://www.planalto.gov.br/ccivil_03/LEIS/2002/L10406.htm. Acesso em: 3 dez. 2018).

[13] Vale ressaltar que, em princípio, tanto no caso de garantia corporativa como no de fiança bancária onera-se o balanço patrimonial do grupo promotor do projeto, já que, nos casos de fiança bancária, o mais provável é que o banco garantidor requeira contragarantias igualmente lastreadas no balanço do grupo.

[14] Ver item 2.3.3.2 desta obra para uma melhor compreensão das características dos ESAs.

1
Contextualização Fática do *Project Finance*

1.1. Traços distintivos

O *project finance* é um método de financiamento que se emprega para a construção e operação de projetos, geralmente de capital intensivo, que tem assegurado um determinado nível de geração de caixa futuro, funcionando as receitas futuras como a principal (senão a única) fonte de pagamento aos agentes financeiros.

Assim, nessa modalidade de financiamento, a concessão do crédito necessário para a construção do projeto lastreia-se na capacidade do próprio empreendimento financiado de gerar os recursos suficientes para o pagamento da dívida, e não na capacidade patrimonial daqueles que o promovem (patrocinadores), como ocorre nos financiamentos corporativos convencionais.

Tendo em vista essa característica fundamental, o *project finance* não é uma metodologia que possa ser utilizada no financiamento de qualquer tipo de projeto. Pelo contrário, somente será apropriado para aqueles projetos que se beneficiam de um regime legal e contratual tal, que permita uma estimativa razoável acerca do seu nível de despesas e receitas futuras, durante toda a vigência do financiamento.

Nesse sentido, os agentes financeiros somente aceitarão conceder o crédito sob tal modalidade se estiverem convencidos de que o projeto está bem definido, é independente de outros empreendimentos e capaz de gerar por si próprio fluxos de caixa suficientes, estáveis e razoavelmente previsíveis, durante um longo período.

A estruturação desse tipo de financiamento envolve, como regra geral, a criação de uma sociedade de propósito específico (SPE), destinada a ser a titular de todos os direitos e obrigações relacionados ao projeto, bem como atuar como a receptora do financiamento. Dessa forma, segregam-se os riscos do projeto das demais atividades dos patrocinadores.

Em sua forma "pura", denominada *non-recourse*, o *project finance* caracteriza-se pela inexistência de responsabilidade dos patrocinadores perante os agentes financeiros, na hipótese de insuficiência de recursos oriundos do projeto.[15] Entretanto, isso raramente ocorre na prática. Na maioria das vezes, os patrocinadores assumem algum nível de responsabilidade e, nessas hipóteses, a operação é denominada *limited recourse*.

Importante ressaltar que nas operações *limited recourse*, a responsabilidade dos patrocinadores deve estar limitada a determinadas situações específicas – normalmente decorrentes de riscos não administráveis identificados na fase de auditoria do projeto – prazos ou valores máximos. Caso a responsabilidade dos patrocinadores seja total e ilimitada, não se está diante de uma operação de *project finance*, mas de um financiamento corporativo convencional.

Feitas essas observações iniciais, confira-se algumas definições de *project finance*:

> Empréstimo realizado em favor de uma unidade econômica individualizada, pelo qual os mutuantes aceitam a capacidade de geração de caixa e lucros por parte da referida unidade econômica como a fonte principal de pagamento do mútuo, assim como os ativos alocados àquela unidade econômica como garantia real.[16]

> Captação de recursos para financiar um projeto de investimento de capital economicamente separável, no qual os provedores de recursos veem o fluxo de caixa vindo do projeto como fonte primária de recursos para atender ao serviço da dívida e fornecer o retorno sobre o capital investido no projeto.[17]

---

[15] Isso sem prejuízo, como se explicará mais adiante (item 2.1), do aporte de capital comprometido por parte dos patrocinadores à SPE, para compor o denominado "índice de alavancagem".
[16] NEVITT, Peter K.; FABOZZI, Frank *apud* ENEI, José Virgílio Lopes. *Op. cit.*, 2007, p. 21-22.
[17] FINNERTY, John D. *apud* ENEI, José Virgílio Lopes. *Op. cit.*, 2007, p. 22.

1.2. Exemplos de utilização

Observadas as características acima, o *project finance* é uma técnica que pode ser utilizada no financiamento de distintos tipos de empreendimentos, sejam eles privados ou públicos que venham a ser concedidos à iniciativa privada, por meio de concessões comuns[18] ou parcerias público-privadas (PPP).[19]

Tome-se como exemplo um projeto de geração de energia elétrica. Periodicamente, a Câmara de Comercialização de Energia Elétrica (CCEE), por delegação da Agência Nacional de Energia Elétrica (ANEEL), promove leilões para a compra e venda de energia.

Trata-se de uma concorrência entre os agentes do setor, por meio da qual são selecionados empreendedores para a construção e/ou operação e manutenção de usinas (novas ou preexistentes), destinadas à geração e à entrega da energia elétrica.

Há vários tipos de leilão para a compra e venda de energia. No caso dos chamados leilões de "energia nova", por exemplo, empreendedores são selecionados para a construção de novas usinas, dentro de um determinado prazo. O vencedor do certame assina com as respectivas distribuidoras contratos de compra e venda de energia de longo prazo, denominados Contratos de Comercialização de Energia no Ambiente Regulado (CCEAR), e conhecidos no jargão de mercado como *Power Purchase Agreements* (PPA).

A assinatura do CCEAR/PPA é a garantia de que o empreendedor vencedor do certame – caso construa a usina e inicie a entrega da energia no

---

[18] Reguladas pela Lei n. 8.987/1995. Entendidas como as concessões que não envolvem contraprestação pecuniária do poder concedente ao concessionário (BRASIL. Lei n. 8.987, de 13 de fevereiro de 1995. Dispõe sobre o regime de concessão e permissão da prestação de serviços públicos previsto no art. 175 da Constituição Federal, e dá outras providências. *Diário Oficial da União*, Poder Executivo, Brasília-DF: 14 fev. 1995. Disponível em: http://www.planalto.gov.br/ccivil_03/Leis/L8987compilada.htm. Acesso em: 21 jan. 2019).

[19] Reguladas pela Lei n. 11.079/2004. Entendidas como as concessões que envolvem contraprestação pecuniária do poder concedente ao concessionário, dividindo-se em: (i) patrocinadas: quando envolver, adicionalmente à tarifa cobrada dos usuários, contraprestação pecuniária do parceiro público ao parceiro privado; e (ii) administrativa: quando a Administração Pública é a usuária direta ou indireta dos serviços prestados pelo parceiro privado, ainda que envolva execução de obra ou fornecimento e instalação de bens (BRASIL. Lei n. 11.079, de 30 de dezembro de 2004. Institui normas gerais para licitação e contratação de parceria público-privada no âmbito da administração pública. *Diário Oficial da União*, Poder Executivo, Brasília-DF: 31 dez. 2004. Disponível em: http://www.planalto.gov.br/ccivil_03/_Ato2004-2006/2004/Lei/L11079.htm. Acesso em: 21 jan. 2019).

prazo acordado – terá assegurado determinado nível de receitas futuras pela venda da energia elétrica. Esse fator é o que permite que o projeto seja financiado na modalidade *project finance*, na medida em que tais receitas futuras podem ser utilizadas pelos agentes financeiros como lastro do financiamento a ser concedido.

A mesma lógica pode ser aplicada a muitos outros setores. Concessões rodoviárias, por exemplo, podem ser financiadas por *project finance*, servindo as receitas tarifárias (pedágio) como lastro do financiamento. Na hipótese de que tais receitas não sejam suficientes, o poder concedente poderá estruturar o projeto de tal forma que haja uma complementação das receitas via contraprestação do poder público ao parceiro privado, conhecido como *shadow toll* (pedágio sombra), tornando o projeto uma PPP patrocinada.

Há, por outro lado, projetos que não geram receitas tarifárias e dependem, integralmente, da contraprestação do poder concedente ao parceiro privado. É o caso, por exemplo, da construção de presídios mediante concessão à iniciativa privada, hipótese de PPP administrativa. Neste caso, o *project finance* pode ser estruturado servindo a contraprestação do poder público como lastro do financiamento.

Podem ser citados, ainda, como setores aptos a receberem financiamento na modalidade *project finance*: saúde (hospitais, etc.), mobilidade urbana (metrô, veículos leves sobre trilhos, etc.), transporte (portos, aeroportos, ferrovias, etc.), lazer e entretenimento (estádios esportivos, *shopping centers*, casas de show, etc.), petróleo e gás, mineração, telecomunicações, entre muitos outros[20].

Enfim, o *project finance* pode ser utilizado sempre que seja possível estimar os custos relacionados a construção, operação e manutenção dos projetos, bem como ter asseguradas, contratual ou legalmente, as receitas presentes ou futuras a eles associadas.

---

[20] Para maior detalhamento a respeito do uso do *project finance* em distintos setores, ver: HOFFMAN, Scott L. *Op. cit.*, 2008, p. 13. Para estudos de casos brasileiros, ver: BONOMI, Claudio A.; MALVESSI, Oscar. *Project finance no Brasil*: fundamentos e estudos de casos. São Paulo: FGV, 2002.

1.3. Principais vantagens e desvantagens

Do ponto de vista dos patrocinadores do projeto, o principal objetivo perseguido com o *project finance* é limitar ao máximo (ou inclusive eliminar) a sua responsabilidade perante os agentes financeiros, o que lhes permite desenvolver, a um só tempo, uma série de projetos que não seriam viáveis caso os respectivos financiamentos estivessem lastreados exclusivamente em sua capacidade patrimonial.

Além disso, a estrutura do *project finance* permite aos patrocinadores segregar os riscos do projeto financiado dos seus demais negócios, evitando que o eventual insucesso do empreendimento, individualmente considerado, ameace a integridade financeira de todo o grupo.[21]

Na perspectiva dos agentes financeiros, o *project finance* representa um meio de diversificação de riscos, já que o êxito da operação de financiamento depende, nestes casos, da qualidade do projeto – o que a prática internacional convencionou chamar de *bankability*[22] – em vez da capacidade patrimonial de seus patrocinadores. Isso permite aos agentes financeiros ampliar a sua carteira de produtos e/ou investimentos, assumindo um risco atrelado ao êxito do projeto financiado, com a possibilidade de obter retornos superiores aos de instrumentos financeiros tradicionais.

Sob a ótica dos países onde o projeto financiado se desenvolve, o *project finance* pode funcionar como importante elemento propulsor do desenvolvimento, liberando recursos públicos para o atendimento de outras necessidades da população. Outros potenciais benefícios incluem o estímulo à concorrência entre as distintas fontes de financiamento, a absorção de novas tecnologias e a geração de empregos.

Todas essas vantagens têm, contudo, a sua contrapartida. Considerando que, no *project finance*, o êxito do financiamento depende da qualidade e solidez do projeto a ser financiado, sua implementação requer uma criteriosa e exaustiva análise do empreendimento sob os mais variados aspectos – técnico, financeiro, econômico, jurídico, entre outros – o que demanda a contratação, por parte dos agentes financeiros, de assessores de distintas especialidades.

---

[21] INTERNATIONAL FINANCE CORPORATION. *Project finance in developing countries*. Washington, D.C.: International Finance Corporation, 1999. p. 7.
[22] Para Scott L. Hoffman, que qualifica tal termo como um "assalto linguístico", "[...] *bankability is used to signify the acceptability, for financing purposes, of the structure or any element of a project*" (HOFFMAN, 2008, p. 19).

Nesse contexto, um elemento central na estruturação do *project finance* é a correta identificação, análise e mitigação dos riscos do projeto, direcionando cada risco para a parte em melhor posição para absorvê-lo.[23] Os riscos em uma operação de *project finance* são variados e de distintas naturezas: de construção, de demanda, cambial, ambiental, político, legal, regulatório, entre muitos outros.

O tratamento e a alocação de tais riscos requerem o estabelecimento de estruturas jurídicas complexas. Para que uma operação de *project finance* funcione, é necessário conseguir que os distintos riscos do projeto se equacionem através de um conjunto de regras coligadas que permitam distribuir as responsabilidades de maneira clara, suportar tensões futuras e, ao mesmo tempo, conservar a viabilidade do projeto.

A complexidade das operações de *project finance* – consequência natural da necessidade de análise exaustiva do projeto e alocação eficiente dos riscos – constitui uma das principais desvantagens dessa modalidade de financiamento, na medida em que exige um nível de comprometimento das partes nele envolvidas que apenas se justifica em projetos com volume expressivo de investimentos e complexidade técnica condizente.

De fato, os fatores acima mencionados traduzem-se em maiores prazos e custos para a estruturação do financiamento, o que certamente dificulta e, em alguns casos, inviabiliza, a sua implementação.[24]

---

[23] Scott L. Hoffman assim resume o tema: "*The risk allocation process in structuring a project financing permits the project sponsor to spread risks over all the project participants, including the lender. This risk diversification, or sharing, can improve the possibility of project success because each project participant accepts risks and is interested economically in the project success*" (HOFFMAN, 2008, p. 11).

[24] Nesse sentido, um estudo da International Finance Corporation apontou: "*For all its advantages, project finance cannot be said to offer a "free lunch". On the contrary, it has rigorous requirements. To attract such finance, a project needs to be carefully structured to ensure that all the parties' obligations are negotiated and are contractually binding. Financial and legal advisers and other experts may have to spend considerable time and effort on this structuring and on a detailed appraisal of the project. These steps will add to the cost of setting up the project and may delay its implementation*" (INTERNATIONAL FINANCE CORPORATION. *Op. cit.*, p. 8).

1.4. O modelo brasileiro de financiamento de projetos[25]

O modelo brasileiro de financiamento de projetos caracteriza-se por uma forte preponderância dos bancos públicos na concessão dos financiamentos. De acordo com o Boletim de Financiamento de Projetos divulgado pela Associação Brasileira das Entidades dos Mercados Financeiro e de Capitais (Anbima) em 2018 (Tabela 1), os bancos públicos tiveram uma participação de 78,4% nas fontes de financiamento de longo prazo desembolsadas em 2017, sendo 73,2% provenientes somente do BNDES, contra uma participação de apenas 1,9% dos bancos privados e de 11,5% do mercado de capitais.[26],[27]

---

[25] O leitor provavelmente se perguntará por que, no título deste item e em outras passagens desta obra, se utiliza o termo "financiamento de projetos" para se referir ao modelo praticado no Brasil, ao invés de *"project finance"*. O motivo ficará mais claro na medida em que a obra avança, e consiste no seguinte: as particularidades observadas no Brasil são de tal magnitude que, na visão do autor, coloca em dúvida se o modelo aqui praticado atende às características básicas do *project finance*, na concepção aqui utilizada.

[26] No contexto do mercado de capitais, merecem destaque as denominadas debêntures incentivadas de infraestrutura, criadas pela Lei 12.431/2011 (ver item 2.3.3.1 nesta obra, para uma melhor compreensão da emissão de debêntures no âmbito do *project finance*).

[27] Vale ressaltar que o Boletim de Financiamento de Projetos referente a 2018, divulgado pela Anbima após a conclusão da investigação que deu origem à presente obra, apontou uma significativa redução da participação do BNDES nos financiamentos de projetos (40,6%, contra 73,2% em 2017), enquanto a participação do mercado de capitais cresceu de 11,5% em 2017 para 30,6% em 2018. No entanto, a participação total das fontes públicas de financiamento continuou alta em 2018, considerando o crescimento da participação do Banco do Nordeste do Brasil (BNB) de 5,2% em 2017 para 20,6% em 2018, totalizando 61,2% (i.e., BNDES e BNB conjuntamente considerados). Na avaliação da Anbima: "A mudança de estratégia do BNDES, aliada a um ambiente de juros favorável, abriu espaço para o maior financiamento via mercado privado. A contribuição do BNDES por meio de desembolso direto e repasse concentrou 41% das emissões de dívida no ano, contra 73% em 2017; em 2018, entretanto, não houve a modalidade BNDES repasse. Ao mesmo tempo, a participação do mercado de capitais mais do que dobrou: saiu de 11%, em 2017, para 31%, em 2018. Em contrapartida, outro banco controlado pelo Governo Federal vem aumentando sua participação nos financiamentos de projetos. O BNB quadruplicou sua participação: em 2017 concentrava 5% dos financiamentos e em 2018 centralizou 21% dos desembolsos (ASSOCIAÇÃO BRASILEIRA DAS ENTIDADES DOS MERCADOS FINANCEIROS E DE CAPITAIS. *Boletim de financiamento de projetos*: participação relativa do BNDES no financiamento de *project finance* cai para 41%. 23 jul. 2019. Disponível em: https://www.anbima.com.br/pt_br/informar/relatorios/mercado-de-capitais/boletim-de-financiamento-de-projetos/participacao-relativa-do-bndes-no-financiamento-de-project-finance-cai-para-41.htm. Acesso em: 17 jan. 2020.)

Tabela 1 – Fontes de financiamento desembolsadas de longo prazo no Brasil

% do volume	Volume (%)					
	2012	2013	2014	2015	2016	2017
Bancos	20,7%	12,3%	11,7%	8,8%	3,6%	1,9%
BNDES Direto	62,8%	26,4%	49,3%	55,7%	65,3%	59,3%
BNDES Repasse	10,6%	49,4%	7,7%	17,4%	4,9%	13,9%
Mercado de Capitais	2,7%	8,3%	30,0%	3,8%	17,0%	11,5%
Banco Interamericano de Desenvolvimento – BID	2,3%	1,6%	0,0%	0,0%	0,0%	0,0%
Banco do Nordeste – BNB	0,0%	0,0%	0,0%	0,0%	0,0%	5,2%
Export Credit Agencies – ECAs	0,0%	0,0%	0,0%	0,0%	0,0%	8,2%
Fontes de Financiamentos Regionais	0,8%	2,0%	1,2%	1,0%	6,8%	0,0%
Fundos de Poupança Compulsória	0,0%	0,0%	0,0%	13,3%	2,4%	0,0%

Fonte: Adaptado de Anbima, 2018.[28]

Esses números evidenciam o baixo desenvolvimento do mercado de crédito privado de longo prazo no Brasil. Com efeito, a experiência internacional demonstra que o papel das instituições financeiras públicas de desenvolvimento no financiamento da infraestrutura diminui na medida em que o mercado de crédito privado de longo prazo se desenvolve.

O próprio BNDES reconhece esse fenômeno em seu *Livro verde: nossa história tal como ela é*, publicado em 2017:[29]

> No Japão, por exemplo, o *Development Bank of Japan* teve importância histórica no financiamento da infraestrutura, mas, com o desenvolvimento do mercado de crédito privado para esse setor, a necessidade de recursos públicos diminuiu. Na Alemanha, a participação do kfW foi crucial para o desenvolvimento da infraestrutura nacional, como na reconstrução do pós-guerra e

---

[28] ASSOCIAÇÃO BRASILEIRA DAS ENTIDADES DOS MERCADOS FINANCEIROS E DE CAPITAIS. *Boletim de financiamento de projetos*: volume de financiamento de projetos cresce 60% em 2017. 2 ago. 2018. Disponível em: http://www.anbima.com.br/pt_br/informar/relatorios/mercado-de-capitais/boletim-de-financiamento-de-projetos/volume-de-financiamentos-de-projetos-cresce-60-0-em-2017.htm. Acesso em: 9 mar. 2019.
[29] BANCO NACIONAL DE DESENVOLVIMENTO ECONÔMICO E SOCIAL. *Livro verde*: nossa história tal como ela é. Rio de Janeiro: BNDES, 2017, p. 30.

na modernização da Alemanha Oriental. Com o desenvolvimento do crédito privado de longo prazo para esse setor, reduziu-se a utilização de instrumentos de financiamentos públicos para grandes projetos nacionais de infraestrutura.

Isso também ocorre na Espanha, país em que, em termos gerais, os bancos privados e o mercado de capitais atendem à demanda de financiamento de projetos, ficando a atuação do Instituto de Crédito Oficial (ICO) (banco de fomento de características similares ao BNDES) e organismos multilaterais restrita àqueles projetos considerados de interesse público que, por algum motivo, não conseguem obter a totalidade dos recursos necessários com fontes privadas.[30] Isso se reflete na diferença de tamanho dos bancos: dados de 2015 apontam que o BNDES possuía US$ 279,5 bilhões de ativo e uma carteira de crédito de US$ 208,8 bilhões, contra US$ 69,1 bilhões e US$ 46,9 bilhões do ICO, respectivamente.[31]

A grande questão que se coloca em relação à atuação do BNDES nos últimos anos é: o banco vem cumprindo o papel de financiar os segmentos de mercado não adequadamente atendidos pelo sistema financeiro privado; ou sua atuação é prejudicial e, exatamente, um dos principais fatores que inibem o desenvolvimento das fontes privadas de financiamento?

Aldo Musacchio e Sérgio Lazzarini distinguem da seguinte forma as visões antagônicas a respeito da atuação do BNDES:[32] de acordo com a visão de *política industrial*, o BNDES cumpre a importante missão de oferecer financiamento de longo prazo para projetos que não disporiam de recursos se tivessem que captá-los com fontes orientadas pelo livre mercado; em contraste com essa abordagem positiva, a visão de *política partidária* entende que a presença excessiva do BNDES, para além das distorções econômicas que causa, dá margem a interferências políticas indevidas na concessão dos financiamentos.

---

[30] De fato, na experiência do autor trabalhando na Espanha entre 2006 e 2010, a grande maioria dos projetos se financiava exclusivamente com fontes privadas. A participação do ICO e outros bancos de fomento se dava de maneira excepcional e, ainda assim, sempre completando o sindicato de bancos privados, raramente de maneira isolada ou preponderante.
[31] BANCO NACIONAL DE DESENVOLVIMENTO ECONÔMICO E SOCIAL. *Op. cit.*, 2017, p. 20.
[32] MUSACCHIO, Aldo; LAZZARINI, Sérgio G. *Reinventando o capitalismo de Estado*: o Leviatã nos negócios: Brasil e outros países. Tradução de Afonso Celso da Cunha Serra. São Paulo: Porfolio-Penguin, 2015. p. 275-276.

Há literatura em ambos os sentidos. Uma série de estudos alinhados à visão de política industrial aponta os benefícios da atuação do BNDES, desde o seu papel no processo de industrialização durante as décadas de 1960 e 1970 até, mais recentemente, os efeitos positivos da política anticíclica de expansão do crédito após a crise financeira mundial de 2008.[33]

Mário Gomes Schapiro vai além e afirma que a participação do BNDES não se justifica, apenas, pela necessidade de correção de falhas de mercado (isto é, financiar as atividades não atendidas pelo capital privado). Para ele, os bancos de desenvolvimento devem ser entendidos de forma mais abrangente, como um tipo de arranjo institucional constituído para lidar com as singularidades que envolvem os desafios do desenvolvimento tardio:[34]

> A governança financeira pública [...] é o resultado da composição dos grupos de interesses e das necessidades institucionais partilhadas pelas respectivas economias nacionais. São, portanto, fruto de uma conciliação contingente, uma *juncture*, estabelecida em um determinado contexto e que se reproduz nos períodos subsequentes. Mais do que uma opção de regulação dos sistemas financeiros, estes bancos figuraram, e muitos ainda persistem nesta condição, como verdadeiras estruturas de governança, como atores constitutivos de um arranjo financeiro que conta com o Estado para captar poupança e para selecionar os projetos a serem financiados.

É por esse motivo que, na visão de Schapiro, a participação dos bancos públicos tende a persistir mesmo com os esforços regulatórios no sentido de fomentar a participação do capital privado nos financiamentos. A alteração de tramas institucionais é mais complexa que isso, afirma, pois envolve fatores de resistências como códigos culturais, arranjos entre grupos de interesse e outras tantas singularidades.[35]

De outro lado, corroborando com a visão de política partidária, Sérgio Lazzarini *et al.* concluíram, em estudo publicado em 2014, que, embora as operações do BNDES sejam, em geral, rentáveis, o banco empresta grande

---

[33] BOLLE, Monica de. Do public development banks hurt growth? Evidence from Brazil. *Policy Brief,* Washington, D.C., n. 15-16, p. 1-15, set. 2015. p. 8.

[34] SCHAPIRO, Mário Gomes. Estado, economia e sistema financeiro: bancos públicos como opção regulatória e como estrutura de governança. *In*: LIMA, Maria Lúcia L. M. Pádua (coord.). *Agenda contemporânea*: direito e economia: 30 anos de Brasil. São Paulo: Saraiva, 2012. Tomo 2. (Série GVlaw). p. 144-145.

[35] *Ibid.*, p. 147.

parte dos seus recursos para companhias que, em tese, poderiam financiar os seus projetos com outras fontes de capital – o que, na visão dos autores, poderia ser um indício de influência política indevida.[36] De fato, os autores constataram que empresas que doam recursos para as campanhas de candidatos eleitos têm maior probabilidade de obter empréstimos junto ao BNDES.[37]

A visão de política partidária também encontra respaldo se analisamos a questão desde uma perspectiva histórica. No Brasil, a existência de uma relação simbiótica entre poder público e empresas privadas remete à época colonial. A divisão do território em capitanias hereditárias e sua entrega a "amigos" da coroa, a partir de 1532, é um exemplo paradigmático de que, desde sempre, existiu no Brasil uma grande dificuldade de distinção entre as esferas pública e privada.

Tal fenômeno foi qualificado pelo Ministro Luís Roberto Barroso, no ensaio "Ética e jeitinho brasileiro: por que a gente é assim?", como "patrimonialismo". Segundo o Ministro, outras duas disfunções marcam a trajetória do Estado brasileiro: o "oficialismo", a característica que faz depender do Estado – isto é, da sua benção, apoio e financiamento – todos os projetos pessoais, sociais ou empresariais; e a "cultura da desigualdade", que dá margem a um universo paralelo de privilégios, como imunidades tributárias, foro privilegiado, juros subsidiados, auxílio-moradia, carro oficial, prisão especial, entre tantos outros exemplos.[38]

Quanto ao "oficialismo", que guarda estreita relação com o tema aqui tratado, o Ministro Barroso assim descreveu a realidade brasileira:[39]

> Todo mundo atrás de emprego público, crédito barato, desonerações ou subsídios. Da telefonia às fantasias de carnaval, tudo depende do dinheiro do BNDES, da Caixa Econômica Federal, dos Fundos de Pensão, dos cofres estaduais ou municipais. Dos favores do Presidente, do Governador ou do Prefeito. Cria-se uma cultura de paternalismo e compadrio, a república da parentada e dos amigos. O Estado se torna mais importante que a sociedade.

---

[36] LAZZARINI, Sérgio; MUSACCHIO, Aldo; BANDEIRA DE MELLO, Rodrigo et al. What do state-owned development banks do evidence from BNDES 2002-2009. São Paulo: FGV, 2014.
[37] Ibid.
[38] BARROSO, Luís Roberto. Ética e jeitinho brasileiro: por que a gente é assim? Palestra proferida na Conferência sobre o Brasil, na Universidade de Harvard pelo Ministro Luís Roberto Barroso. Revista Consultor Jurídico, p. 1-11, 10 abr. 2017. p. 3-4.
[39] Ibid., p. 4.

Este cenário seria, no entendimento daqueles que defendem a visão de política partidária, o pano de fundo para o surgimento de uma forma especial de capitalismo, qualificada por Raghuram Rajan e Luigi Zingales como "capitalismo de relações", contexto no qual se insere o financiamento alicerçado em relações pessoais.[40]

Com efeito, em relatório divulgado em fevereiro de 2018, a Organização para a Cooperação e Desenvolvimento Econômico (OCDE) concluiu que a concentração do crédito de longo prazo no BNDES cria um campo de atuação desigual que prejudica o desenvolvimento das fontes privadas de desenvolvimento.[41] Nesse sentido, a recente decisão de descontinuar

---

[40] Na visão dos citados autores: "O sistema embasado em relações difere de um sistema alicerçado no mercado em dois elementos importantes: transparência e acesso. [...] E tem uma profunda falha adicional. Pode não se concordar com a maneira como o mercado aloca os recursos, mas não se pode negar a sua imparcialidade. O problema quando se abre mão do mercado é que não há uma boa regra para distribuir prêmios ou castigos. Enquanto o mérito econômico é o único critério num sistema de mercado, motivos menos quantificáveis como solidariedade ou equidade se tornam importantes em sua ausência. Finalmente, qualquer que seja o objetivo declarado, os recursos e as recompensas vão para poderosos interesses estabelecidos e não para os verdadeiramente necessitados ou merecedores" (RAGHURAM, Rajan; ZINGALES, Luigi. *Salvando o capitalismo dos capitalistas*: acreditando no poder do livre mercado para criar mais riqueza e ampliar as oportunidades. Tradução de Maria José Cyhlar Monteiro. Rio de Janeiro: Elsevier, 2004. p. 272, 282). Em outra obra, Zingales afirmou em abordagem semelhante: "*After all, starting a business is difficult and involves a lot of risk. Getting a government favor or contract is easier, at least if you have connections, and is a much safer bet. Thus, in nations with large and powerful governments, the state usually finds itself at the heart of the economic system, even if the system is relatively capitalist – an arrangement that confounds politics and economics, both in practice and in public perceptions: the larger the share of capitalists who acquire their wealth thanks to their political connections, the greater the perception that capitalist is unfair and corrupt*" (ZINGALES, Luigi. *A capitalism for the people*: recapturing the lost genius of American prosperity. New York: Basic Books, 2014. p. 6). A discussão nos remete à clássica passagem da obra *A revolta de Atlas*, de Ayn Rand: "Quando você perceber que, para produzir, precisa obter a autorização de quem não produz nada; quando comprovar que o dinheiro flui para quem negocia não com bens, mas com favores; quando perceber que muitos ficam ricos pelo suborno e por influência, mais que pelo trabalho, e que as leis não nos protegem deles, mas, pelo contrário, são eles que estão protegidos de você; quando perceber que a corrupção é recompensada, e a honestidade se converte em autossacrifício; então poderá afirmar, sem temor de errar, que sua sociedade está condenada" (RAND, Ayn. *A revolta de Atlas*. Tradução de Paulo Henriques Britto. São Paulo: Arqueiro, 2012).

[41] ORGANIZAÇÃO PARA A COOPERAÇÃO E DESENVOLVIMENTO ECONÔMICO. *Relatórios Econômicos OCDE*: Brasil 2018. Paris: OCDE, 2018, p. 3. Disponível em: https://epge.fgv.br/conferencias/apresentacao-do-relatorio-da-ocde-2018/files/relatorios-economicos-ocde-brasil-2018.pdf. Acesso em: 24 abr. 2020.

gradualmente os subsídios nas operações de empréstimos do BNDES terá, na visão da OCDE, o efeito positivo de redefinir o papel do banco.[42]

Enfim, a discussão está na ordem do dia. Paulo Rabello de Castro, ex-presidente do BNDES, assim resumiu a questão:[43]

> Nunca pairou dúvida, até período bem recente, no sentimento da opinião pública e das lideranças nacionais, sobre se o esforço do país em financiar com tributos um banco de fomento como o BNDES teria ou não valido a pena. A novidade é que esta dúvida surge agora, por certo em boa hora, com a qual se introduziu na sociedade um amplo debate sobre "onde", "como" e "quanto" deve o país empregar sua poupança tributária na promoção do maior crescimento e da melhor distribuição social. [...] Qual seria, por fim, o limite de atuação de um BNDES em prol do desenvolvimento nacional?

Não há resposta fácil para esse dilema. Apesar disso, existe um consenso, entre as atuais lideranças do país, sobre a necessidade de redução da participação do BNDES na concessão de créditos de longo prazo, com a consequente redefinição do papel do banco.[44] Em entrevista concedida

---

[42] A OCDE faz referência, neste ponto, à criação da Taxa de Longo Prazo (TLP), que passou a substituir, gradativamente, a Taxa de Juros de Longo Prazo (TJLP) como referência para os empréstimos do BNDES (ORGANIZAÇÃO PARA A COOPERAÇÃO E DESENVOLVIMENTO ECONÔMICO. *Op. cit.*, 2018). No mesmo sentido da manifestação da OCDE, Monica de Bolle, analisando o tema desde uma perspectiva econômica, concluiu: "*Indeed, a vicious cycle is in motion. When BNDES borrows at subsidized rates from Treasury, it induces Treasury to place new debt at market rates, raising both the level and cost of public debt. This in turn complicates budget execution and fiscal policy, particularly because Treasury grants BNDES a sizable implicit subsidy. When BNDES increases credit after receiving a loan from Treasury, it acts in dissonance with the Central Bank of Brazil, which is attempting to maintain aggregate demand at a level consistent with price stability. In addition, because the loans provided by BNDES are not responsive to monetary policy rates, credit segmentation induces the central bank to raise interest rates further to offset inflationary pressures. Higher than warranted interest rates in turn raise the cost of public debt, damaging budget execution. Breaking this cycle – and the adverse selection side effects it causes for private financial institutions – would require rethinking the role of BNDES, possibly scaling down and redirecting its operations. Eliminating the subsidized component of the bank's lending operations by gradually increasing its links to market-determined rates would also be crucial in ending the perverse crowding-out effects of private institutions that hamper the development of capital markets*" (BOLLE, Monica de. *Op. cit.*, p. 13).

[43] BANCO NACIONAL DE DESENVOLVIMENTO ECONÔMICO E SOCIAL. *Op. cit.*, 2017, p. 6.

[44] Nesse sentido, o Ministro da Economia, Paulo Guedes, afirmou em evento realizado no final de 2019: "O papel do BNDES é muito mais um papel qualitativo, de escolher os bons projetos, ajudar os governadores, os prefeitos a fazer bons projetos sociais do que ficar emprestando dinheiro

ao jornal *O Estado de S. Paulo* em setembro de 2019, Gustavo Montezano, presidente do BNDES, se posicionou da seguinte maneira:[45]

> O banco se tornou egocêntrico, no sentido de que assumiu a função de desembolsar recursos, liberar dinheiro para as empresas. Imagina ter trilhões de reais para desembolsar? Não é fácil desembolsar a quantidade de dinheiro que esse banco desembolsou. Fiz isso a minha vida inteira e te digo: não é fácil. Porém, quando se faz isso com um dinheiro muito subsidiado, todo o Brasil faz fila na sua porta. O banco pede a maior quantidade de garantias possível que o cliente tem para disponibilizar e, como tem o crédito mais barato, a empresa vai dar. Então, fica girando essa máquina, pedindo garantias e desembolsando recursos.

Com efeito, a prática de se pedir a maior quantidade de garantias possível, mencionada por Montezano, nos remete a outra particularidade do modelo brasileiro de financiamento de projetos: a exigência de garantias pessoais dos patrocinadores para cobrir a eventual insuficiência de receitas oriundas do próprio empreendimento financiado, especialmente durante a fase de construção (pré-operacional).

Essa é, de fato, a política que vem sendo exercida pelo BNDES nos últimos anos, sendo comumente adotada por outros agentes financeiros no Brasil: como regra geral, exigem-se garantias pessoais dos patrocinadores, pelo menos até a conclusão da construção e a entrada em operação do projeto (*completion*),[46] momento no qual liberam-se as garantias pessoais e o banco passa a contar exclusivamente com os fluxos de caixa do projeto e garantias reais a ele associadas.

---

para campeão nacional ou para ideologia amiga" (JORNAL NACIONAL. Saneamento será uma das prioridades do BNDES, anuncia Paulo Guedes. *G1*, 6 dez. 2019. Disponível em: https://g1.globo.com/jornal-nacional/noticia/2019/12/06/saneamento-sera-uma-das-prioridades-do-bndes-anuncia-paulo-guedes.ghtml. Acesso em: 10 jan. 2020).

[45] NEDER, Vinícius; CIARELLI, Mônica. O Estado é um péssimo detentor de empresas, diz presidente do BNDES. *O Estado de S. Paulo*, São Paulo, 30 set. 2019. Econômica e Negócios. Disponível em: https://economia.estadao.com.br/noticias/geral,o-estado-e-um-pessimo-detentor-de-empresas,70003030504. Acesso em: 20 jan. 2020.

[46] Na definição do Farlex Financial Dictionary: "*In project finance, [completion means] the time at which a project has been finished, functions, and is generating enough revenue such that it cash flows become the primary way the project is repaying debt*" (COMPLETION. *In*: FARLEX FINANCIAL DICTIONARY, 2012. Disponível em: https://financial-dictionary.thefreedictionary.com/Completion. Acesso em: 19 mar. 2019).

Tal política se traduz em números. De acordo com as informações disponibilizadas no sítio eletrônico do BNDES,[47] das 190 operações de financiamento na modalidade *project finance* concluídas pelo banco em 2017, contratadas na forma direta (isto é, excluindo repasses), 166 contaram com garantias pessoais de algum tipo,[48] o que representa, em termos de volume financeiro financiado, aproximadamente 79% do valor total desembolsado no período sob tal modalidade.

Vê-se com isso que, no Brasil, a exigência de garantias pessoais é regra, e não exceção, ocorrendo muitas vezes como premissa indispensável à concessão do financiamento, independentemente da análise das características e dos riscos de cada projeto. Tal prática é contrária à lógica do *project finance* que, como visto, pressupõe a inexistência ou limitação de responsabilidade dos patrocinadores.

Até bem pouco tempo, o modelo de financiamento anteriormente descrito, caracterizado pela preponderância de bancos públicos e pela exigência de garantias pessoais dos promotores, parecia, à primeira vista, funcionar adequadamente. De fato, como reação à crise financeira mundial de 2008, o Brasil adotou uma política anticíclica pró-crescimento pautada no crédito público[49] e, durante os anos que se seguiram, tudo aparentava

---

[47] BANCO NACIONAL DE DESENVOLVIMENTO ECONÔMICO E SOCIAL. Operações contratadas na forma direta e indireta não automática (2002-2019). *BNDES* 2019. Disponível em: https://www.bndes.gov.br/wps/portal/site/home/transparencia/centraldedownloads/!ut/p/z1/pVLLUsIwFP0VWHTZ5mJa2rorirzK4AyD0GycPkKJlqSkodW_NyALRWHG8e5y5uY85lxE0AoRHtcsjxUTPC70OyLd59Cf9If2DEKY9zAE9-7ICQc-2GOMlscFuDABIPLtP358gGAYdhb2tAc3Exs9IYJIylWpNihKeEarZ8YrxdQ-PTowYCO21AAlY16VsaQ8ZbEBKeUaKVoZbWWi4YWIs-rAVKYsQ5FPKaYArgmxB6btrH3TSxPfxC6sPaeb0CTLTs6vRCPXgy0Pel8ZZiPc1-HuQsfuTzoDH58WrnBE2oN70UOvg5Y1owlacCG3uo35HyMOAY3PCviRUjfMXnY7EugaBFf0TaHVP3vQmnkhks_zCXiCvRwRSddUUmntpYY3SpXVrQEGNE1jHeWsXNRWIjVSVgaUQqqDaMUUvSD9G_lGVNrOScqt4uth9_N1_W0j22SOEUdBkG7_QHsbP8W/dz/d5/L2dBISEvZ0FBIS9nQSEh/. Acesso em: 20 out. 2018.

[48] Vale ressaltar que as 24 operações restantes, que contam exclusivamente com garantias reais, parecem estar relacionadas a apenas três projetos: Parques Eólicos Ventos da Bahia, Autopista Regis Bittencourt e Companhia do Metrô da Bahia.

[49] Na visão do BNDES, esta é, precisamente, uma das funções das instituições financeiras públicas de desenvolvimento – IFDs: "Outra missão desses bancos [IFDs] aparece em momentos de crise econômica, quando as IFDs costumam ter um papel anticíclico, contribuindo para resgatar a estabilidade sistêmica. A crise de 2008, por exemplo, reacendeu a importância dessas instituições no sistema financeiro. Em um momento de forte retração do crédito pelo sistema financeiro privado, países que dispunham de IFDs utilizaram-nas para amortecer,

caminhar bem. Os bancos públicos cumpriam a política desenvolvimentista que lhes havia sido designada. E os grupos promotores de projetos – ao menos aqueles agraciados com financiamentos públicos – se mostravam, em uma espécie de "servidão voluntária",[50] satisfeitos por contarem com juros subsidiados, ainda que, para isso, tivessem que conceder garantias pessoais aos financiadores.

A situação começou a mudar com o agravamento da crise político-econômica brasileira, a partir de 2014, que evidenciou as imperfeições do modelo de financiamento vigente até então. De um lado, os recursos minguaram e os bancos públicos restringiram suas políticas creditícias, adequando, em muitos casos, suas taxas de juros aos níveis de mercado.[51] De outro, a crise – somada aos recentes casos de corrupção deflagrados, principalmente, pela operação Lava Jato[52] – atingiram fortemente alguns

---

ou mesmo compensar, a queda do crédito no mercado privado, evitando um declínio maior da demanda agregada" (BANCO NACIONAL DE DESENVOLVIMENTO ECONÔMICO E SOCIAL. *Op. cit.*, 2017, p. 28).

[50] Há uma passagem na clássica obra *Discurso sobre a servidão voluntária*, de Étienne de la Boétie, que, embora escrita em 1548 para uma realidade e atores totalmente distintos, ilustra bem a questão: "Os tiranos distribuíam um quarto de trigo, um sesteiro de vinho e um sestércio e então dava pena ouvir gritar: Viva o rei! Os tolos não percebiam que nada mais faziam senão recobrar uma parte do que lhes pertencia, e que mesmo o que recobravam, o tirano não lhes podia ter dado, se não o tivesse tirado deles próprios" (LA BOÉTIE, Étienne de. *Discurso sobre a servidão voluntária*. Tradução de J. Cretell Júnior e Agnes Cretella. São Paulo: Ed. Revista dos Tribunais, 2003. p. 41. (RT – Textos Fundamentais 8). Ou seja, o empresariado se mostra, em geral, satisfeito com a possibilidade de contar com juros subsidiados sem perceber que, ao fazê-lo, está apenas recobrando uma parte dos recursos que transferiu ao poder público via tributos. Muitos anos mais tarde, em 1989, Margaret Thatcher transmitia mensagem semelhante no célebre discurso "The revival of Britain: speeches on home and European affairs, 1975-1988": "*Let us never forget this fundamental truth: the State has no source of money other than the money people earn themselves. If the State wishes to spend more it can do so only by borrowing your savings or by taxing you more. It is no good thinking that someone else will pay – that 'someone else' is you. There is no such thing as public money; there is only taxpayers' money*" (THATCHER, Margaret. Não existe essa coisa de dinheiro público. 2015. 1 vídeo (2:22 min). Publicado pelo canal Comunicado Br. Disponível em: https://www.youtube.com/watch?v=WFIN5VfhSZo. Acesso em: 20 jan. 2020).

[51] Neste sentido, foi criada a TLP, que passou a substituir, gradativamente, a TJLP como referência para os empréstimos do BNDES.

[52] Na definição do Ministério Público Federal: "A operação Lava Jato é a maior iniciativa de combate a corrupção e lavagem de dinheiro da história do Brasil. Iniciada em março de 2014, com a investigação perante a Justiça Federal em Curitiba de quatro organizações criminosas lideradas por doleiros, a Lava Jato já apontou irregularidades na Petrobras, maior estatal do país, bem como em contratos vultosos, como o da construção da usina nuclear Angra 3. Possui

dos principais grupos promotores de projetos do país, reduzindo (quando não eliminando) a sua capacidade de concessão de garantias pessoais.[53]

A partir de então, o país não pode mais contar com o mesmo nível de aporte de recursos públicos, tampouco com garantias pessoais dos grupos empresariais que até aquele momento dominavam o cenário dos grandes projetos. Com isso, uma nova realidade se impôs ao financiamento de longo prazo no Brasil e, diante dela, tornou-se premente – se não por livre convencimento, por necessidade – alinhar o modelo brasileiro às melhores práticas internacionais.

Diante de tais constatações, a presente obra busca identificar os principais entraves jurídicos que, na visão do autor, dificultam a efetiva adoção do *project finance* – entendido como o financiamento lastreado total ou preponderantemente nos fluxos de caixa do próprio projeto financiado – no Brasil, bem como o que pode ser feito para superá-los.

Para tanto, faz-se necessário discorrer previamente sobre as características essenciais do *project finance* no plano jurídico.

---

hoje desdobramentos no Rio de Janeiro, em São Paulo e no Distrito Federal, além de inquéritos criminais junto ao Supremo Tribunal Federal e Superior Tribunal de Justiça para apurar fatos atribuídos a pessoas com prerrogativa de função. [...] Estima-se que o volume de recursos desviados dos cofres públicos esteja na casa de bilhões de reais. Soma-se a isso a expressão econômica e política dos suspeitos de participar dos esquemas de corrupção investigados" (MINISTÉRIO PÚBLICO FEDERAL. *Operação Lava Jato*. 2018. Disponível em: http://www.mpf.mp.br/grandes-casos/lava-jato/entenda-o-caso/lavajato_index. Acesso em: 24 abr. 2020).

[53] Nesse sentido, a OCDE afirma em seu relatório econômico sobre o Brasil: "Como muitas empresas de construção enfraqueceram-se devido aos escândalos de corrupção, a diversificação da base de investidores de capital tornou-se mais urgente, incluindo, por exemplo, fundos de investimento ou fundos de pensão" (ORGANIZAÇÃO PARA A COOPERAÇÃO E DESENVOLVIMENTO ECONÔMICO. *Op. cit.*, 2018, p. 41).

2
Contextualização jurídica do *project finance*

2.1. Responsabilidade limitada dos patrocinadores

Como já mencionado, as operações de *project finance* pressupõem, em regra, a constituição uma sociedade (SPE) com o propósito específico de construir e/ou operar um determinado projeto, segregando-o das demais atividade do grupo patrocinador.

Nesta modalidade de financiamento, é a SPE – e não os acionistas patrocinadores – que recebe o financiamento para o desenvolvimento do projeto. Considerando que a SPE não possui histórico de atividades ou de crédito, a decisão dos agentes financeiros de conceder o financiamento não se baseia na solidez financeira e patrimonial do receptor dos recursos ou seu garantidor (como ocorre, usualmente, nos financiamentos corporativos convencionais), mas nas perspectivas de sucesso do empreendimento financiado.[54]

O principal objetivo perseguido com a estrutura do *project finance* é, portanto, limitar ao máximo ou inclusive eliminar a responsabilidade dos patrocinadores frente aos agentes financeiros, funcionando os fluxos de caixa futuros do projeto como a principal (senão a única) garantia para a amortização da dívida.

Isso não quer dizer que os patrocinadores não despendam recursos neste tipo de operações. Com efeito, os agentes financeiros comumente exigem que os patrocinadores aportem à SPE, na forma de capital social ou mútuo subordinado, uma parcela minoritária dos recursos necessários

---

[54] ENEI, José Virgílio Lopes. *Op. cit.*, 2007, p. 20.

à realização do projeto (entre 10% e 30%, normalmente), compondo o chamado "índice de alavancagem".[55]

Uma vez aportado à SPE, pelos patrocinadores, o capital acordado com os agentes financeiros, o que pode se dar no início da operação (*up front*) ou de maneira proporcional à liberação do financiamento externo pelos agentes financeiros (*pari passu*), é da essência do *project finance* que os agentes financeiros não tenham recurso (ou tenham recurso limitado) aos patrocinadores pelo eventual insucesso do projeto financiado.

Nesse sentido, pode-se afirmar que a responsabilidade assumida pelos patrocinadores em operações de *project finance* se resume:

(i) em todos os casos, ao aporte de capital próprio na SPE, para compor o índice de alavancagem acordado com os agentes financeiros;

(ii) em alguns casos, à assunção de compromissos e/ou concessão de garantias para cobrir determinados eventos específicos, normalmente decorrentes de riscos não administráveis identificados na fase de auditoria do projeto.

Nas hipóteses em que a responsabilidade do patrocinador do projeto se limita ao aporte de capital comprometido na SPE – item (i) acima – o *project finance* classifica-se como "puro" ou *non-recourse*. Se, para além do aporte de capital comprometido, o patrocinador assume determinados compromissos e/ou presta determinadas garantias para a cobertura de eventos específicos – item (ii) acima – o *project finance* classifica-se como "com recurso limitado" ou *limited recourse*.

Verifica-se, assim, que o *project finance* caracteriza-se pela ausência ou limitação de recurso aos patrocinadores do projeto, desde que estes tenham realizado o aporte de capital comprometido na SPE. A *contrario sensu*, um financiamento com recurso ilimitado ao patrocinador, isto é, com direito de ação dos agentes financeiros que possa alcançar ilimitadamente o patri-

---

[55] A este respeito, José Virgílio Lopes Enei afirma: "Embora podendo preservar até mesmo 100% das ações representativas do capital dessa sociedade de propósito específico, as sociedades patrocinadoras proveem a esta, mediante integralização ou empréstimo intragrupo, apenas parte dos recursos necessários à execução do projeto, parte esta que pode ser tão reduzida quanto 20% ou 30%. É então a sociedade de propósito específico, sem qualquer histórico de atividades ou endividamento prévio, que solicita o financiamento dos recursos faltantes junto aos agentes financeiros (70% ou 80%, por exemplo)" (ENEI, José Virgílio Lopes. *Op. cit.*, 2007, p. 20).

mônio geral do patrocinador, não será *project finance*, mas financiamento corporativo convencional.[56]

2.2. Auditoria do projeto

Considerando que, nas operações de *project finance*, os agentes financeiros assumem o denominado "risco projeto" – em contraposição ao "risco corporativo" das operações de financiamento convencionais –, o financiamento somente será concedido nesta modalidade após minucioso processo de auditoria (*due diligence*) do projeto, conduzido pelos agentes financeiros com o apoio de assessores externos.

Em um processo típico de *due diligence* de projeto, normalmente atuam os seguintes assessores dos agentes financeiros:

(i) **Assessor financeiro**: tendo como principal função validar as estimativas econômico-financeiras do projeto, em especial as constantes do "caso base".[57] O caso base é um documento preparado conjuntamente pelos patrocinadores e agentes financeiros no qual se realizam estimativas detalhadas do investimento total do projeto, bem como de suas receitas e despesas futuras. Tais estimativas são utilizadas pelos agentes financeiros para determinar, entre outros aspectos, o valor total do financiamento, o calendário de amortização e os índices financeiros que deverão ser cumpridos pela SPE ao longo da operação.

(ii) **Assessor técnico**: tendo como principal função validar as estimativas que servem de base para determinar as receitas e despesas futuras do projeto. Assim, por exemplo, no caso de um projeto de geração de energia eólica, o assessor técnico valida, por um lado, os custos necessários à construção e à operação do parque e, por outro, os estudos de vento que fundamentam as estimativas de geração futura de energia elétrica. No caso de uma concessão rodoviária, para citar outro exemplo, o assessor técnico valida, por um lado, os custos das obras de construção, ampliação e/ou reparação da rodovia e, por outro, os estudos de demanda de tráfego de veículos.

(iii) **Assessor jurídico**: tendo como principal função revisar, entre outros aspectos, (a) a válida constituição da SPE, (b) a disponibi-

---

[56] ENEI, José Virgílo Lopes. *Op. cit.*, 2007, p. 20 e 41.
[57] Dependendo do caso, este trabalho é realizado diretamente por equipes internas dos agentes financeiros.

lidade dos terrenos para desenvolvimento do projeto, (c) a obtenção e vigência de todas as licenças e autorizações aplicáveis a cada fase do projeto, (d) o conjunto de contratos celebrados ou a serem celebrados pela SPE para a realização do projeto.

(iv) **Assessor de seguros**: tendo como principal função determinar os seguros que devem ser contratados pela SPE para a cobertura dos riscos seguráveis do projeto.

Desse modo, com a *due diligence*, os agentes financeiros conseguem, por um lado, validar as estimativas de receitas e despesas do projeto e, por outro, identificar os riscos que possam eventualmente prejudicar o seu regular desenvolvimento, comprometendo a capacidade da SPE de honrar o financiamento.

2.3. Arranjo contratual

Uma vez identificados os riscos do projeto a ser financiado, é de fundamental importância determinar o seu alcance, grau de probabilidade e, finalmente, a melhor maneira de mitigá-los.

A mitigação de riscos em uma operação de *project finance* se dá, principalmente, por meio de uma rede coligada de contratos, necessariamente harmônicos entre si, destinados a distribuir direitos e responsabilidades entre os distintos participantes do projeto.

Nas palavras de José Virgílio Lopes Enei:[58]

> Como o projeto em implantação [...] não possui um histórico de operações e resultados, na sua configuração inicial, o financiador externo exigirá uma rede de contratos de longo prazo que minudencie de forma muito clara os direitos e obrigações da sociedade empreendedora em relação a seus empreiteiros, parceiros, fornecedores e consumidores. Para lograr obter o financiamento externo sem o qual não há que se falar em financiamento de projetos, a sociedade empreendedora deverá negociar cláusulas contratuais que transfiram grande parte dos riscos a terceiros que tenham capacidade para absorvê-los.

Pode-se afirmar, assim, que o êxito de uma operação de *project finance* depende, em grande medida, da solidez da sua estrutura contratual. Tal

---

[58] ENEI, José Virgílio Lopes. *Op. cit.*, 2007, p. 31.

CONTEXTUALIZAÇÃO JURÍDICA DO *PROJECT FINANCE*

característica levou Stewart E. Rauner a qualificar o *project finance* como um fenômeno, mais que financeiro, jurídico:[59]

> O que parece ser um novo fenômeno financeiro é, essencialmente, um fenômeno jurídico; o elemento central do *project financing* não é o desenvolvimento de um novo instrumento financeiro, mas, em verdade, um processo de pensamento jurídico criativo que distribui direitos e obrigações de maneira inovadora, resultando ao final em uma redução do nível de risco para cada uma das partes envolvidas.

A Figura 1, a seguir, representa graficamente as principais relações contratuais de uma operação típica de *project finance*.

Figura 1 – Modelagem contratual típica do *project finance*

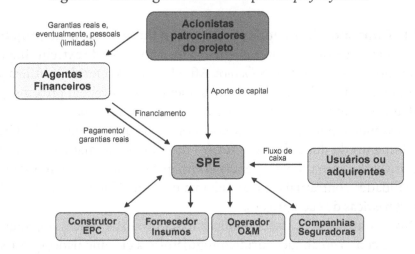

Fonte: Adaptado de Mario Engler.[60]

---

[59] Tradução livre do autor. No original: *"What appears to be a new financial phenomenon is therefore an essentially legal one; what lies at the heart of project financing is not the development of a new financial instrument, but rather a process of creative legal thought and lawyering that shifts rights and responsibilities in an innovative way and ultimately results in a reduced level of risk for each of the parties concerned"* (RAUNER, Stewart E. Project finance: a risk spreading approach to the commercial financing of economic development. *Harvard International Law Journal*, v. 24, p. 145-181, Summer 1983. p. 156).

[60] Elaboração do autor, inspirada em apresentação utilizada por Mario Engler para a disciplina Estruturação de Operações Financeiras, da graduação de direito da Fundação Getulio Vargas (FGV).

Os contratos de uma operação de *project finance* podem ser classificados em três categorias básicas:

(i) os *contratos destinados a assegurar o fluxo de caixa do projeto*, representados, na Figura 1, pela relação jurídica existente entre a SPE e os usuários ou adquirentes dos bens ou serviços objeto do projeto;

(ii) os *contratos operacionais*, representados, na Figura 1, pelas relações jurídicas existentes entre a SPE e o construtor, o fornecedor e o operador do projeto, além das companhias seguradoras emitentes das apólices de seguro; e

(iii) os *contratos financeiros e de garantia*, representados, na Figura 1, pelas relações jurídicas existentes entre os agentes financeiros, a SPE e os patrocinadores do projeto.

2.3.1. Contratos destinados a assegurar o fluxo de caixa do projeto

A primeira categoria de contratos acima mencionada é de extrema importância no contexto do *project finance*. Afinal, como já referido, a utilização dessa modalidade de financiamento somente é possível em projetos que tenham assegurado determinado nível de receitas futuras.

É essencial, portanto, contar com contratos que garantam, à SPE, o recebimento do fluxo de caixa futuro do projeto, de maneira estável e previsível durante toda a vigência do financiamento. Existem distintas modalidades contratuais que atendem a essa finalidade, a depender das características de cada projeto.

No âmbito das concessões públicas, é o contrato de concessão, conjuntamente com o arcabouço jurídico-regulatório a ele vinculado, que assegura à concessionária o recebimento do fluxo de caixa futuro do projeto, desde que a concessionária cumpra com as obrigações legais e contratuais a ela aplicáveis.

No caso de uma concessão rodoviária, por exemplo, o contrato de concessão garante à concessionária (SPE) o direito de cobrar tarifas (pedágio) dos usuários. Da mesma forma que, no caso de uma PPP para a construção de um hospital ou presídio, assegura-se à concessionária, no contrato de concessão, o recebimento da contraprestação pecuniária do poder concedente.

Para além das concessões, há casos em que a garantia de receita futura deriva de contratos celebrados em conformidade com a regulação de determinados setores específicos, como ocorre no setor elétrico. Nos projetos de geração de energia elétrica nova, exemplo já utilizado nesta obra,[61] são os PPA que exercem o papel de garantir à SPE o recebimento de receitas futuras pela venda da energia elétrica, desde que a construção da usina e a entrega da energia se deem no prazo acordado.

Existem, ainda, operações que não se beneficiam de um regime legal ou regulatório que assegure o fluxo de caixa futuro do projeto. Nessas hipóteses, faz-se necessária a celebração de contratos privados de longo prazo com tal finalidade.

A modalidade contratual mais utilizada nestes casos são os contratos *take-or-pay*, entendidos como aqueles por meio dos quais o vendedor compromete-se a fornecer, e o comprador compromete-se a adquirir uma quantidade mínima de determinado produto ou serviço, ficando o comprador obrigado a pagar por tal quantidade mínima, mesmo que não a utilize.

Na definição de Scott L. Hoffman:[62]

> Um contrato *take-or-pay*, em geral, refere-se a uma obrigação contratual entre um comprador da produção de um projeto e uma empresa projeto [SPE], segundo a qual o comprador concorda em efetuar pagamentos à SPE pelo bem ou serviço a ser produzido no projeto, como contraprestação à capacidade de produzir ou entregar tal bem ou serviço. De acordo com essa estrutura, o comprador efetua o pagamento pela capacidade de produção, independentemente de a SPE efetivamente produzir o bem ou prestar o serviço a pedido do comprador. A obrigação de pagamento do comprador pela capacidade de produção da SPE é incondicional. [...] Esta obrigação resulta na caracterização dos contratos *take-or-pay* como uma forma de garantia.

Um bom exemplo seria um projeto de mineração. Como regra geral, não há nada no marco regulatório do setor que garanta à SPE a venda futura

---

[61] Ver item 1.2 desta obra.
[62] Tradução livre do autor. No original: *"A take-or-pay contract, in general, refers to a contractual obligation between a purchaser of a facility's output and a project company in which the purchaser agrees to make payments to the project company for the good or services producible at the facility in return for maintaining the capacity to produce and deliver the good or service. Under this structure, the off-take purchaser makes payment for capacity whether or not the project company actually generates the good or service at the purchaser's request. The payment obligation of the buyer for the capacity component is unconditional. [...] This obligation results in a characterization of take-or-pay contracts as a form of a guarantee"* (HOFFMAN, Scott L. *Op. cit.*, 2008, p. 210).

do produto a ser explorado no âmbito do projeto, o que, em princípio, impediria a estruturação do financiamento na modalidade *project finance*.

Porém, o panorama muda se a SPE assinar com um comprador solvente um contrato de longo prazo com cláusula *take-or-pay* pois, desse modo, assegura-se à SPE um determinado nível de receitas futuras, independentemente da efetiva entrega do produto ao comprador no futuro.

Com esse arranjo contratual, portanto, o comprador obriga-se de antemão a pagar pela capacidade de produção da SPE, viabilizando a estruturação do financiamento com lastro nas receitas que lhe foram garantidas.

2.3.2. Contratos operacionais

Igualmente importantes para os destinos da operação de *project finance* são os aqui denominados contratos operacionais.

Em um momento inicial, a SPE carece de meios humanos e materiais para o desenvolvimento do projeto sob sua responsabilidade. Natural, portanto, que tenha que contratar terceiros para a realização de todas as atividades necessárias à implementação e posterior operação do projeto.

Tais atividades incluem, sem limitação, a realização de obras de construção, o fornecimento de insumos, a prestação de serviços de operação e manutenção, bem como a contratação de seguros para a cobertura de riscos seguráveis.

Confira-se a seguir, brevemente, a lógica subjacente a cada um desses instrumentos contratuais.

2.3.2.1. Contrato de construção

A fase de construção do projeto, na qual ainda não existe uma realidade física capaz de gerar receitas, é, sem dúvida, a mais vulnerável e na qual a incidência de riscos é menos controlável.

Os riscos de construção podem se materializar, basicamente, de duas formas: (i) atrasos no cronograma de construção, ocasionando, por consequência, a postergação do início do recebimento de receitas; e (ii) sobrecustos de construção (*cost overrun*), resultando em maior necessidade de aporte de recursos para a conclusão das obras.[63]

---

[63] HOFFMAN, Scott L. A practical guide to transactional project finance: basic concepts, risk identification, and contractual considerations. *The Business Lawyer*, v. 45, p. 181-232, nov. 1989.

CONTEXTUALIZAÇÃO JURÍDICA DO *PROJECT FINANCE*

Tais riscos são geralmente mitigados por meio da celebração, pela SPE, de um contrato de empreitada global,[64] na modalidade *Engineering, Procurement and Construction* (EPC), por meio do qual o construtor se compromete, sob pena de pagamento de multas, a entregar a obra concluída e pronta para operar em uma data certa, e por um preço máximo preestabelecido.[65]

Em razão dessas características, tais contratos são conhecidos como *turnkey* ("chave na mão"). Eles são a garantia de que eventuais atrasos no fluxo de caixa do projeto, por causas imputáveis ao construtor, serão compensados com penalidades devidas pelo construtor à SPE, possibilitando que a SPE continue honrando seus compromissos perante os agentes financeiros.

De igual forma, o EPC também garante que eventuais sobrecustos do projeto serão suportados pelo construtor, sem que sejam necessários desembolsos adicionais de recursos pela SPE, pelos patrocinadores ou pelos agentes financeiros.[66]

Leonardo Toledo da Silva explica da seguinte forma a lógica dos EPCs no contexto do *project finance*:[67]

> Para chegar à decisão sobre o modelo de contratação e sobre os custos que pretende incorrer, o contratante elabora um plano de negócios, que inclui um

---

[64] O contrato de empreitada encontra-se regulado nos Arts. 610 e seguintes do Código Civil. (BRASIL. *Op. cit.*, 2002).

[65] ENEI, José Virgílio Lopes. *Op. cit.*, 2007, p. 31. Vale ressaltar que algumas entidades internacionais, entre elas a International Federation of Consulting Engineers (FIDIC), elaboram modelos de contrato EPC que servem de base para a redação e negociação de contratos deste tipo no mundo todo, embora não seja comum a sua utilização no Brasil.

[66] Jeffrey Delmon assim descreve a importância de um EPC *turnkey* para uma operação de *project finance*: "*The lenders will want the whole of the completion risk to be allocated to the construction contractor, which means a tightly drafted turnkey construction contract with a fixed price and a fixed time for completion. Time will be of the essence, therefore the construction contractor will be entitled to an extension of the time for completion only to the extent such entitlement mirrors the project company's rights under the concession agreement or is owing to some default by the project company. [...] As the construction phase bears a disproportionate amount of risk, the lenders will also want substantial guarantees and undertakings from the construction contractor, its parent company, substantial subcontractors, suppliers and possibly a third party guarantor for the completion of the works. These guarantees will include performance guarantees and retention money, or a retention bond, from the construction contractor*" (DELMON, Jeffrey. Bankability. In: DELMON, Jeffrey. *Private sector investment in infrastructure*: project finance, PPP projects and risk. 2. ed. Chicago: The World Bank and Kluwer Law International, 2008a).

[67] Os contratos EPC e os pleitos de reequilíbrio econômico-contratual (SILVA, Leonardo Toledo da (coord.). *Direito e infraestrutura*. São Paulo: Saraiva, 2012).

estudo de viabilidade econômico-financeira, efetuando uma projeção futura de investimentos e de receitas do projeto como um todo. Dessa projeção é possível decidir pela viabilidade comercial, ou não, de um determinado empreendimento, tendo em mente os principais riscos envolvidos.

Neste contexto, é usual que o 'preço' e o 'prazo' dos investimentos e, portanto, da implantação do empreendimento, tornem-se premissas essenciais na sustentação do plano de negócios elaborado pelo empresário, dono do projeto. Variações significativas de preço e prazo podem significar um negócio viável, ou não, seja porque podem adiar a geração de caixa do empreendimento, seja porque podem aumentar o custo de implementação, reduzindo a chamada 'taxa interna de retorno' do investimento.

Obviamente, a assunção dessas responsabilidades pelo construtor implica um sobrepreço, que a SPE – com a anuência dos patrocinadores e dos agentes financeiros – normalmente está disposta a assumir, em prol da viabilização do *project finance*.[68]

Deve-se ter em conta, ainda, o risco de falta de capacidade ou insolvência do construtor. Nesse caso, a mitigação se dá pela exigência de garantias ao construtor (*performance bonds*) e, também, por meio de cláusulas contratuais, insertas no próprio EPC, que garantam à SPE o direito de substituir o construtor de forma célere nestas hipóteses.

Na prática internacional, é comum que os agentes financeiros requeiram a assinatura de acordos diretos (*direct agreements*) com a SPE e o construtor, para que eles mesmos, se necessário, tenham a prerrogativa de substituir o construtor nestes casos. Tais acordos costumam prever, ainda, a obrigação das partes de: (i) não modificar o EPC sem o expresso consentimento dos agentes financeiros; e (ii) informar aos agentes financeiros qualquer intercorrência nas obras ou qualquer descumprimento do EPC pela SPE, antes de se proceder à sua eventual resolução.

2.3.2.2. Contrato de fornecimento

Determinados projetos demandam, para sua operação, combustíveis ou outros insumos cujo fornecimento, normalmente, não está abrangido no escopo do contrato de construção, tais como gás, petróleo ou carvão.

---

[68] ENEI, José Virgílio Lopes. *Op. cit.*, 2007, p. 31.

Os contratos que regulam o fornecimento de tais insumos são de extrema importância no contexto do *project finance*, porque qualquer intercorrência no fornecimento poderá afetar o fluxo de caixa do projeto.

Nestas hipóteses, requer-se a celebração de contratos de longo prazo que garantam à SPE o fornecimento dos insumos necessários à plena operação do projeto, em qualidade, volume e preço compatíveis com suas projeções econômico-financeiras.

A modalidade contratual mais utilizada nestes casos são os contratos *supply-or-pay*, assim definidos por Hoffman:[69]

> Em um contrato *supply-or-pay*, o fornecedor se obriga a entregar bens, como combustível, ou serviços, como transporte de combustível. Se o fornecedor for incapaz de cumprir tal obrigação, ele deverá entregar os bens ou serviços de uma fonte alternativa, a seu próprio custo, ou indenizar a empresa projeto (SPE) pelas despesas incorridas pela SPE ao garantir os bens e serviços por sua própria conta.

Com isso, assegura-se à SPE o recebimento dos insumos necessários à operação do projeto, com a segurança e previsibilidade requeridas nas operações de *project finance*.

2.3.2.3 Contrato de operação e manutenção

Uma vez iniciada a operação comercial do projeto, é preciso garantir o correto funcionamento de suas instalações, a fim de que as receitas efetivamente geradas pelo projeto sejam compatíveis com as projeções econômico-financeiras realizadas antes da concessão do financiamento.

A título ilustrativo, em um projeto de geração de energia eólica, deve assegurar-se o adequado funcionamento dos aerogeradores, de acordo com critérios de performance preestabelecidos, a fim de que a geração de energia elétrica (e a receita advinda de sua posterior venda) atenda às projeções traçadas pelos agentes financeiros. Da mesma maneira que, em um projeto de concessão rodoviária, os serviços de operação e manuten-

---

[69] Tradução livre do autor. No original: *In a supply-or-pay contract, the supplier agrees to provide goods, such as fuel, or services, such as fuel transportation. If the supplier is unable to fulfill that obligation, it must generally provide either the goods or services from an alternate source at its expense or pay damages to the project company for expenses incurred by the project company in securing the goods or services itself* (HOFFMAN, Scott L. *Op. cit.*, 2008, p. 189).

ção da rodovia devem garantir a adequada circulação dos veículos, pois dela depende a arrecadação das receitas tarifárias (pedágio).

De maneira similar ao que ocorre na fase de construção, os riscos da fase operacional do projeto são normalmente mitigados mediante a celebração de um contrato em que o operador assuma, perante a SPE, a obrigação de realizar todas as atividades necessárias à operação e manutenção do projeto, por um preço fixo (ou, pelo menos, previsível).[70]

Além disso, é comum que se exija do operador o atendimento de determinados critérios de performance, sob pena de pagamento de penalidades. Assim, caso as receitas do projeto sejam inferiores às projetadas, por causas imputáveis ao operador, as penalidades devidas pelo operador permitirão que a SPE continue honrando seus compromissos financeiros.

O contrato de operação e manutenção deve regular, ainda, as hipóteses de substituição do operador em caso de incapacidade ou insolvência, a exemplo do que ocorre com o contrato de construção.

A vigência do contrato deve ser, no mínimo, equivalente ao prazo de amortização do financiamento.[71] Caso seja inferior, a SPE deve assumir a obrigação de prorrogar sucessivamente o contrato, ou celebrar novos contratos em termos substancialmente idênticos àquele aprovado pelos agentes financeiros.

2.3.2.4. Apólices de seguros

Determinados riscos não são transferíveis pela SPE aos demais participantes do projeto. É o caso dos eventos de força maior, como uma catástrofe natural, por exemplo. Não é razoável supor que o construtor ou o operador do projeto, por exemplo, aceitariam absorver um risco de tal tipo.

Nessas hipóteses, busca-se a cobertura do risco através da contratação de seguros. Daí a importância de que os agentes financeiros contem com o apoio de um assessor de seguros, que elabore um programa de apólices adequado à matriz de riscos de cada projeto.

É preciso ter em conta que nem todos os riscos são seguráveis, e que outros, apesar de seguráveis, possuem cobertura extremamente cara, chegando a inviabilizar a sua contratação. Todos esses aspectos são avaliados pelos agentes financeiros e seus assessores na fase de auditoria do projeto.

---

[70] HOFFMAN, Scott L. *Op. cit.*, 2008, p. 199.
[71] ENEI, José Virgílio Lopes. *Op. cit.*, 2007, p. 31.

Importante destacar que os agentes financeiros procuram controlar a utilização das indenizações provenientes dos seguros. A prioridade, em princípio, é a reparação do dano causado ao projeto (se for o caso), mas não se descarta que, em determinadas circunstâncias, as indenizações sejam utilizadas para pagamento das obrigações da SPE sob o financiamento.

2.3.3. Contratos financeiros e de garantias
2.3.3.1. Contratos financeiros

Em uma operação de *project finance*, a tipologia dos contratos financeiros varia em função da fonte de obtenção dos recursos.

No mercado de crédito (financiamento bancário), o instrumento contratual mais habitual, comumente utilizado pelo BNDES, é o contrato de financiamento mediante abertura de crédito. Através dele, a instituição financeira abre, a favor da SPE, um crédito com a finalidade específica de financiar o projeto.

No mercado de capitais, por sua vez, o instrumento de captação mais comum são as debêntures,[72] assim caracterizadas por Modesto Carvalhosa:[73]

> A função das debêntures é a de capitalizar a sociedade. São, desse modo, títulos de crédito representativos da totalidade do débito contraído pela companhia, consoante escritura de emissão aprovada pela assembleia geral. Formam os seus titulares uma comunhão de interesses administrada por seus órgãos: o agente fiduciário e a assembleia geral (Arts. 66 e s. e 71 [da Lei 6.404/76]). Cabe a esses órgãos resguardar os direitos da coletividade dos obrigacionistas nos limites da lei e da escritura de emissão. [...] Constitui, pois, a debênture, uma quota ou fração de um crédito, legitimando o seu titular ao exercício dos direitos creditícios declarados na escritura de emissão.

---

[72] A possibilidade de emissão de debêntures pelas sociedades anônimas está prevista no Art. 52 da Lei n. 6.404/1976: "A companhia poderá emitir debêntures que conferirão aos seus titulares direito de crédito contra ela, nas condições constantes da escritura de emissão e, se houver, do certificado" (BRASIL. Lei n. 6.404, de 15 de dezembro de 1976. Dispõe sobre as Sociedades por Ações. *Diário Oficial da União*, Poder Executivo, Brasília-DF: 17 dez. 1976. Disponível em: http://www.planalto.gov.br/ccivil_03/leis/l6404compilada.htm. Acesso em: 30 jan. 2019).
[73] CARVALHOSA, Modesto. *Comentários à lei de sociedades anônimas*: lei n. 6.404, de 15 de dezembro de 1976, com as modificações da Lei n. 9.457, de 5 de maio de 1997. São Paulo: Saraiva, 1998. v. 1, p. 662.

No contexto do *project finance*, merecem destaque as denominadas debêntures incentivadas de infraestrutura, criadas pela Lei n. 12.431/2011.[74] Em linhas gerais, tais debêntures destinam-se ao financiamento de projetos de infraestrutura considerados prioritários pelo Governo Federal e, desde que cumpridos determinados requisitos, garantem um tratamento tributário favorecido a determinadas classes de investidores.

[74] Dispõe o Art. 2º da referida lei: "No caso de debêntures emitidas por sociedade de propósito específico constituída para implementar projetos de investimento na área de infraestrutura, ou de produção econômica intensiva em pesquisa, desenvolvimento e inovação, considerados como prioritários na forma regulamentada pelo Poder Executivo Federal, os rendimentos auferidos por pessoas físicas ou jurídicas residentes ou domiciliadas no País sujeitam-se à incidência do imposto sobre a renda, exclusivamente na fonte, às seguintes alíquotas: I – 0% (zero por cento), quando auferidos por pessoa física; e II – 15% (quinze por cento), quando auferidos por pessoa jurídica tributada com base no lucro real, presumido ou arbitrado, pessoa jurídica isenta ou optante pelo Regime Especial Unificado de Arrecadação de Tributos e Contribuições devidos pelas Microempresas e Empresas de Pequeno Porte (Simples Nacional). § 1º O disposto neste artigo aplica-se somente às debêntures que atendam ao disposto no § 1º do art. 1º, emitidas entre a data da publicação da regulamentação mencionada no § 2º do art. 1º e a data de 31 de dezembro de 2015. § 2º O regime de tributação previsto neste artigo aplica-se inclusive às pessoas jurídicas relacionadas no inciso I do art. 77 da Lei n. 8.981, de 20 de janeiro de 1995. § 3º Os rendimentos tributados exclusivamente na fonte poderão ser excluídos na apuração do lucro real. § 4º As perdas apuradas nas operações com os títulos a que se refere o *caput*, quando realizadas por pessoa jurídica tributada com base no lucro real, não serão dedutíveis na apuração do lucro real. § 5º As pessoas jurídicas, integrantes da sociedade de propósito específico de que trata o *caput*, que deixarem de implementar os projetos de investimento na área de infraestrutura ou de produção econômica intensiva em pesquisa, desenvolvimento e inovação, ficam sujeitas à multa equivalente a 20% (vinte por cento) do valor total da emissão da debênture". (BRASIL. Lei n. 12.431, de 24 de junho de 2011. Dispõe sobre a incidência do imposto sobre a renda nas operações que especifica; altera as Leis ns. 11.478, de 29 de maio de 2007, 6.404, de 15 de dezembro de 1976, 9.430, de 27 de dezembro de 1996, 12.350, de 20 de dezembro de 2010, 11.196, de 21 de novembro de 2005, 8.248, de 23 de outubro de 1991, 9.648, de 27 de maio de 1998, 11.943, de 28 de maio de 2009, 9.808, de 20 de julho de 1999, 10.260, de 12 de julho de 2001, 11.096, de 13 de janeiro de 2005, 11.180, de 23 de setembro de 2005, 11.128, de 28 de junho de 2005, 11.909, de 4 de março de 2009, 11.371, de 28 de novembro de 2006, 12.249, de 11 de junho de 2010, 10.150, de 21 de dezembro de 2000, 10.312, de 27 de novembro de 2001, e 12.058, de 13 de outubro de 2009, e o Decreto-Lei n. 288, de 28 de fevereiro de 1967; institui o Regime Especial de Incentivos para o Desenvolvimento de Usinas Nucleares (Renuclear); dispõe sobre medidas tributárias relacionadas ao Plano Nacional de Banda Larga; altera a legislação relativa à isenção do Adicional ao Frete para Renovação da Marinha Mercante (AFRMM); dispõe sobre a extinção do Fundo Nacional de Desenvolvimento; e dá outras providências. *Diário Oficial da União*, Poder Executivo, Brasília-DF: 29 jun. 2011. Disponível em: http://www.planalto.gov.br/ccivil_03/_Ato2011-2014/2011/Lei/L12431.htm. Acesso em: 9 mar. 2019.).

No caso das captações via debêntures, o principal instrumento contratual é a escritura de emissão, celebrada entre a SPE, na qualidade de emissora, e o agente fiduciário, representando a comunhão dos debenturistas, tendo por objeto a capitalização da sociedade para o financiamento de um projeto específico.

Com independência da fonte de obtenção dos recursos, tanto no mercado de crédito, como no mercado de capitais, as preocupações e cautelas dos agentes financeiros em operações de *project finance* são similares, de tal forma que o clausulado dos contratos, sejam eles contratos de abertura de crédito, escrituras de emissão de debêntures ou qualquer outro instrumento com a mesma finalidade, tendem a coincidir em muitos aspectos.

Nesse sentido, podem ser citadas como cláusulas típicas de contratos financeiros em operações de *project finance*, independentemente da sua modalidade, entre outras, as seguintes:

- **Destinação dos recursos**: exigência de que os recursos do financiamento sejam destinados, única e exclusivamente, ao projeto sob responsabilidade da SPE.
- **Condições suspensivas**: estabelecimento de uma série de condições para a celebração do contrato, e outras tantas para a efetiva disponibilização dos recursos, como, por exemplo: a conclusão da *due diligence* do projeto; a assinatura dos contratos operacionais do projeto em termos satisfatórios para os agentes financeiros; a válida constituição das garantias reais em favor dos agentes financeiros; a constatação de que a SPE possui as licenças e autorizações aplicáveis a cada fase do projeto; etc.
- **Declarações e garantias (*representation and warranties*)**: declarações realizadas pela SPE e pelos patrocinadores do projeto, cuja falsidade ou imprecisão implica em dever de indenizar os agentes financeiros, além da possibilidade de vencimento antecipado do financiamento, incluindo, por exemplo: declarações no sentido de que a SPE é uma sociedade validamente existente, com plena capacidade para contratar o financiamento; que a SPE é titular de todos os ativos vinculados ao projeto; que não existem vícios no projeto não revelados aos agentes financeiros; etc.
- **Obrigações (*covenants*)**: além da obrigação de amortização do financiamento nos termos previstos no contrato, os agentes financeiros costumam exigir uma série de outros compromissos da SPE e dos

patrocinadores do projeto, especialmente com a finalidade de exercer certo controle e ingerência na condução dos negócios da SPE, como, por exemplo, direitos de veto em relação a determinadas deliberações, de receber relatórios e informações periódicas, de fiscalizar as atividades da SPE, além da verificação do atendimento de uma série de índices financeiros. Por outro lado, é habitual que se imponham obrigações de não fazer à SPE, tais como a vedação à realização de qualquer atividade alheia ao projeto, à concessão de garantias a terceiros (*negative pledge*), à distribuição de dividendos para além das hipóteses expressamente previstas no contrato, à realização de qualquer modificação nas características do projeto, etc.
- **Causas de vencimento antecipado (*events of default*):** situações extraordinárias em que os agentes financeiros poderão declarar o vencimento antecipado da dívida, tais como o inadimplemento das obrigações (financeiras ou não) da SPE e/ou dos patrocinadores, falsidade ou inexatidão das informações prestadas pela SPE ou pelos patrocinadores, abandono do projeto pela SPE, extinção do contrato de concessão (quando aplicável), etc.

2.3.3.2. Contratos de garantias

Como já referido, a limitação de responsabilidade dos patrocinadores do projeto é uma característica essencial do *project finance*, razão pela qual eventuais garantias pessoais deles exigidas devem ser necessariamente limitadas a determinadas situações específicas, prazos ou valores máximos.

Há, basicamente, três formas de se formalizar a garantia pessoal dos patrocinadores no âmbito de uma operação de *project finance*, observando-se, em qualquer hipótese, a limitação acima aludida:

- **Fiança corporativa:** mediante a celebração de um contrato de fiança em que os próprios patrocinadores garantem as obrigações da SPE frente aos agentes financeiros.
- **Fiança bancária:** mediante a entrega, aos agentes financeiros, de uma fiança emitida por instituição financeira, destinada a garantir as obrigações da SPE no âmbito do financiamento. Neste caso, é prática habitual de mercado a exigência, pela instituição financeira emissora, de fiança corporativa dos patrocinadores, a título de contragarantia (razão pela qual os efeitos da fiança bancária acabam sendo, na prática, muito similares aos da fiança corporativa conce-

dida diretamente aos agentes financeiros, em termos de ônus patrimonial para os patrocinadores).
- **Equity Support Agreement – ESA**: mediante a celebração de um contrato pelo qual os patrocinadores assumem o compromisso de prover à SPE, a título de capital social ou mútuo subordinado, os recursos necessários para o cumprimento de suas obrigações frente aos agentes financeiros.[75]

Se, como visto, as garantias pessoais dos patrocinadores (caso existentes) são necessariamente limitadas em uma operação típica de *project finance*, a lógica é inversa no que se refere às garantias reais. É da essência do *project finance* que o patrocinador e a SPE concedam, a favor dos agentes financeiros, garantias reais sobre todos os ativos, bens e direitos relacionados ao projeto.

Com tais garantias, os agentes financeiros procuram blindar o projeto contra eventuais reivindicações de terceiros, além de obter a vinculação legal entre as receitas futuras do projeto e o financiamento.

Nesse contexto, uma das garantias reais típicas das operações de *project finance* é o penhor ou a alienação fiduciária das ações da SPE, concedido pelos patrocinadores em favor dos agentes financeiros.

Considerando que os agentes financeiros não têm recurso (ou têm recurso limitado) aos patrocinadores, é imprescindível que, em uma situação limite, possam executar a garantia sobre as ações da SPE, utilizando o produto da execução na satisfação do seu crédito. Em se tratando de concessão pública, os agentes financeiros têm, ainda, a prerrogativa de efetivar o *step-in* com vistas a promover a reestruturação financeira do projeto e assegurar a continuidade da prestação dos serviços.[76]

---

[75] Na realidade, tal contrato não tem natureza jurídica de garantia, embora cumpra função semelhante à da fiança. Em termos práticos, muitos patrocinadores preferem os ESAs às fianças já que os primeiros, em regra, não requerem a sua contabilização como garantia ou passivo, como ocorre com as últimas, deixando de onerar, assim, seus respectivos balanços patrimoniais. Contudo, nem todos os agentes financeiros o aceitam em substituição à fiança, pois ainda não há, no Brasil, jurisprudência consolidada em relação à plena exequibilidade deste tipo de contratos (ENEI, José Virgílio Lopes. *Op. cit.*, 2018a, p. 528).

[76] No direito brasileiro, vigora a proibição ao pacto comissório, ficando vedado ao beneficiário de garantias reais (incluindo o proprietário fiduciário, nos termos do art. 1365 do Código Civil) apropriar-se do bem dado em garantia em caso de inadimplemento do devedor, devendo promover a sua execução para, como produto dela, satisfazer o seu crédito. Vale ressaltar,

Outra garantia real absolutamente essencial na lógica do *project finance* é o penhor ou a cessão fiduciária, pela SPE em favor dos agentes financeiros, das receitas futuras (recebíveis) do projeto. Afinal, como reiteradamente dito ao longo deste trabalho, a fonte primária de pagamento do financiamento são, exatamente, tais receitas.

Também são comumente empenhadas ou cedidas a favor dos agentes financeiros as indenizações que venham a ser eventualmente devidas à SPE pelos distintos participantes do projeto, tais como companhias seguradoras, construtores, fornecedores, operadores ou ainda, no caso das concessões públicas, pelo poder concedente.

São exigidas pelos agentes financeiros, ainda, garantias reais sobre todos os demais ativos, bens e direitos vinculados ao projeto, os quais normalmente são dados em penhor (ou hipoteca, em se tratando de bens imóveis).[77]

Para além dessas garantias reais, os agentes financeiros procuram exercer um controle estrito sobre as movimentações financeiras da SPE. Assim, é habitual a exigência, por parte dos agentes financeiros, de que os fluxos de caixa do projeto transitem em determinadas contas bancárias específicas (comumente denominadas contas vinculadas), ficando a sua movimentação adstrita às regras estabelecidas em contrato de administração de contas e os seus respectivos saldos empenhados em favor dos agentes financeiros.

Por fim, cabe mencionar que em muitos casos tem-se a atuação de distintos agentes como financiadores de um mesmo projeto. É o que ocorre, por exemplo, nas operações sindicalizadas, em que várias instituições financeiras se reúnem para a concessão do financiamento. Ou, ainda, nos financiamentos obtidos parcialmente no mercado de crédito (financiamento bancário) e parcialmente no mercado de capitais (debêntures).

---

entretanto, que as concessões de serviços públicos e obras públicas possuem regime próprio. A Lei de Concessões (Lei n. 8.987/1995) consagrou a figura do *step-in right*, estabelecendo, em seu art. 27-A, que "[...] o poder concedente autorizará a assunção do controle ou da administração temporária da concessionária por seus agentes financeiros e garantidores com quem não mantenha vínculo societário direto, para promover sua reestruturação financeira e assegurar a continuidade da prestação dos serviços". Para uma análise mais aprofundada do tema, ver: ZANCHIM, Kleber Luiz. Intervenção e *step-in rights*: um conflito de poder entre administração pública e agente financiador nas parcerias público-privadas brasileira. *Revista de Direito Mercantil Industrial, Econômico e Financeiro*, São Paulo, ano XLV, p. 195-207, out./dez. 2006.

[77] ENEI, José Virgílio Lopes. *Op. cit.*, 2007, p. 29.

Nessas hipóteses, requer-se a celebração de um contrato de compartilhamento de garantias entre os distintos agentes financeiros, destinado a regular, entre outros aspectos, o regime de maiorias necessário para a tomada de decisões, as regras para a declaração do vencimento antecipado dos respectivos créditos e os critérios de rateio do produto da execução das garantias.

3
Análise crítica do modelo brasileiro de financiamento de projetos

3.1. A exigência de garantia pessoal como disfunção do modelo brasileiro

Revelada, nos capítulos anteriores, a realidade do *project finance* nos planos prático e jurídico, a presente obra volta o seu foco à análise crítica do modelo brasileiro de financiamento de projetos, especialmente no que se refere à exigência de garantias pessoais dos patrocinadores para cobrir a eventual insuficiência de receitas oriundas do próprio projeto financiado.

Inicialmente, vale destacar o que dispõe o sítio eletrônico do BNDES – como visto, o maior financiador de projetos de infraestrutura no Brasil[78] – em seção destinada a descrever as garantias exigidas em operações de *project finance*:[79]

> **Garantias pré-operacionais**
>
> Na fase de implantação do projeto, *a exigência de garantia fidejussória dos controladores da beneficiária poderá ser dispensada*, desde que observado o seguinte:
> • Compromisso dos acionistas controladores da beneficiária de complementar o capital da empresa em montante suficiente para finalizar a implantação do projeto.

---

[78] De acordo com os dados divulgados pela Anbima (ASSOCIAÇÃO BRASILEIRA DAS ENTIDADES DOS MERCADOS FINANCEIROS E DE CAPITAIS. *Op. cit.*, 2019).
[79] BANCO NACIONAL DE DESENVOLVIMENTO ECONÔMICO E SOCIAL. *BNDES Project Finance*. [2019?]. Disponível em: https://www.bndes.gov.br/wps/portal/site/home/financiamento/produto/bndes-project-finance. Acesso em: 16 mar. 2019 (grifos nossos).

• Celebração de contratos que obriguem os empreiteiros e/ou fornecedores de equipamentos a concluir o projeto dentro do orçamento predeterminado, em data previamente especificada e conforme as especificações técnicas destinadas a assegurar a operacionalização e o desempenho eficiente do projeto.

• Contratação de um seguro garantia, em benefício dos financiadores, contra riscos referentes à fase pré-operacional do projeto.

Caso haja dúvida sobre a capacidade dos acionistas de efetuar sua contribuição financeira para o projeto, deverá ser exigido o aporte antecipado do capital próprio como condição prévia para a liberação do financiamento.

Garantias operacionais

Na fase operacional do projeto, *a exigência de garantia fidejussória dos controladores da beneficiária poderá ser dispensada* pela concessão, cumulativa, do seguinte:

• Penhor ou alienação fiduciária, em favor dos principais financiadores, das ações representativas do controle da beneficiária.

• Penhor, em favor dos principais financiadores, dos direitos emergentes do contrato de concessão, quando houver.

• Outorga, aos principais financiadores, do direito de assumir o controle da beneficiária, quando admitido pela legislação.

Como se vê, o BNDES parte da premissa de que será exigida garantia pessoal (fidejussória) dos patrocinadores, tanto na fase de construção como na fase de operação do projeto, podendo o banco dispensá-la, a seu exclusivo critério, caso se cumpram determinados requisitos.

No que se refere à fase de construção, observa-se, ainda, que um desses requisitos é o "[...] compromisso dos acionistas controladores da beneficiária de complementar o capital da empresa em montante suficiente para finalizar a implantação do projeto", o que não deixa de ser uma forma de garantia ilimitada dos patrocinadores até o *completion*.

Essa prática é contrária à essência do *project finance*. Como visto, tal método de financiamento caracteriza-se pela ausência ou limitação de responsabilidade dos patrocinadores (operações *non-recourse* ou *limited recourse*, respectivamente), funcionando as receitas futuras do projeto como a principal (senão a única) fonte de pagamento da dívida.

Para além disso, a exigência de garantias pessoais nos moldes praticados no Brasil restringe o acesso aos financiamentos de grandes projetos a poucos grupos econômicos de elevada capacidade patrimonial e financeira, deixando à margem projetos que, embora pudessem ser autossuficientes, não contam com patrocinadores que atendam a este perfil.

Constatando essa realidade, a OCDE concluiu:[80]

> No Brasil, os empréstimos do BNDES requerem, atualmente, ativos de garantias das empresas patrocinadoras, reduzindo, assim, o número de possíveis investidores de capital a poucas empresas industriais, empresas de serviços públicos ou empresas de construção que possuem esses ativos.

Nada impede que alguns projetos requeiram algum nível de garantia pessoal para a viabilização do financiamento, especialmente durante a fase de construção, em que os riscos são mais elevados. Isso ocorre em muitos países e não representa, necessariamente, uma desnaturalização do *project finance*.

O que merece críticas é que a exigência de garantia pessoal seja a regra no Brasil, e não a exceção. De acordo com as melhores práticas do *project finance*, a garantia pessoal dos patrocinadores (quando aplicável) normalmente deriva de riscos não administráveis identificados na fase de auditoria (*due diligence*) do projeto, e não de uma premissa que prevalece independentemente da análise de cada caso concreto.

No Brasil, pratica-se o inverso. Exige-se garantia pessoal, que somente é dispensada pelos agentes financeiros em casos excepcionais. Dito de outra forma: o verdadeiro *project finance* é uma exceção na prática brasileira.

Questionado a respeito dessa prática, José Guardo, um dos mais destacados especialistas na matéria, se posicionou da seguinte forma:[81]

---

[80] ORGANIZAÇÃO PARA A COOPERAÇÃO E DESENVOLVIMENTO ECONÔMICO. *Relatórios Econômicos OCDE*: Brasil 2018. Paris: OCDE, 2018. p. 114.

[81] Sócio do Clifford Chance, em entrevista concedida ao autor. Tradução livre do autor. No original: "Desde luego, en los países de la región y del entorno [de Brasil], la financiación de proyectos real, o sea, con un recurso limitado al sponsor, y te diría con un recurso muy limitado al sponsor, es una realidad que se utiliza de forma habitual. Lo raro es este tipo de estructura que tu me acabas de comentar [con recurso ilimitado al sponsor]. Y es raro porque las entidades que están activas en los países de la región son entidades que están muy especializadas en la financiación de proyectos y que cuando el riesgo de la operación de repente por razón de la existencia de estas garantías de completion (corporativas) empieza a bascularse significativamente hacia un riesgo corporativo, aunque sea durante la fase inicial de construcción, pues el proyecto ya no les gusta. Y segundo, cada vez más estamos viendo proyectos muy sofisticados y un mercado que mira cada vez más hacia al mercado de capitales, como destinatario final de la operación. Y en este mercado, el rating es muy importante. Lo que pasa es que normalmente, el rating de los sponsors contamina y perjudica al rating del proyecto, por lo que se intenta evitar a toda costa que las

Certamente, nos países da região e do entorno [do Brasil], o *project finance* real, ou seja, com recurso limitado ao patrocinador – e te diria, com recurso muito limitado ao patrocinador – é uma realidade que se utiliza de forma habitual. O incomum é esse tipo de estrutura que você acaba de comentar [recurso ilimitado ao patrocinador]. E é incomum porque as entidades que estão ativas nos países da região são entidades que estão muito especializadas em *project finance*, e que quando o risco da operação, em razão da existência destas garantias de *completion* (corporativas), começa a inclinar-se significativamente na direção de um risco corporativo, ainda que seja durante a fase inicial de construção, o projeto deixa de lhes ser interessante.

E segundo, cada vez mais estamos vendo projetos muito sofisticados e um mercado voltado cada vez mais ao mercado de capitais, como destinatário final da operação. E neste mercado, o *rating* é muito importante. O que ocorre é que, normalmente, o *rating* dos patrocinadores contamina e prejudica o *rating* do projeto, razão pela qual se busca evitar a todo custo que as agências de *rating* identifiquem o risco patrocinador como relevante. Para tanto, deve-se evitar o recurso ao patrocinador. O projeto tem que ser suficientemente robusto para não necessitar do patrocinador, uma vez o patrocinador tenha aportado a contribuição de capital comprometida.[82]

Conclui-se que a exigência de garantias pessoais ilimitadas dos patrocinadores, prática predominante no Brasil, é uma disfunção do modelo brasileiro de financiamento de projetos, que o afasta da prática internacional do *project finance* e das finalidades a que tal método de financiamento se destina.

Diante dessa constatação, cabe indagar: quais são os principais entraves jurídicos que dificultam a adoção do verdadeiro *project finance* – entendido

---

agencias de rating identifiquen el riesgo sponsor como relevante. Para esto, hay que evitar a las apelaciones al sponsor. El proyecto tiene que ser lo suficientemente robusto para no necesitar del sponsor una vez el sponsor ha puesto su contribución de capital comprometida".

[82] Por *rating*, José Guardo se refere às notas de crédito atribuídas por agências de classificação de risco (Moodys, Standard & Poors, Fitch, etc.) sobre a qualidade de determinada operação creditícia. Tais *ratings* são de extrema importância em emissões de títulos no mercado de capitais – como debêntures, por exemplo – servindo como parâmetro para a tomada de decisão dos investidores. Em sua opinião, muitas vezes o *rating* do projeto (i.e. a nota de crédito que considera apenas a capacidade do próprio projeto de gerar receitas suficientes à amortização do financiamento) é melhor que o *rating* dos patrocinadores (i.e. a nota de crédito dos acionistas da SPE). Daí a importância de que projetos autossustentáveis sejam financiados na modalidade *project finance*, sem recurso aos patrocinadores.

como o financiamento lastreado total ou preponderantemente nos fluxos de caixa do próprio projeto financiado – no Brasil?

3.2. Principais entraves jurídicos à adoção do *project finance* no Brasil[83]
3.2.1. Insegurança jurídica

Um elemento fundamental no contexto brasileiro é a falta de segurança jurídica. Como visto, o *project finance* é um arranjo contratual que demanda estabilidade e previsibilidade no longo prazo. Do contrário, os agentes financeiros não terão a confiança de que os fluxos de caixa futuros do projeto serão suficientes à amortização do financiamento.

A segurança jurídica pode ser entendida como um conjunto de condições que permitem aos indivíduos conhecer, antecipadamente, as normas em vigor e, assim, prever as consequências dos seus atos. Tem relação, portanto, com a ideia de estabilidade, confiabilidade, previsibilidade (não surpresa) e mensurabilidade. Fundamenta-se na confiança legítima que os cidadãos depositam no ordenamento jurídico e, em última análise, no Estado.[84]

Nas palavras de Elidie Bifano e Bruno Fajersztajn:[85]

> A segurança jurídica permite ao cidadão conhecer o resultado de suas ações na vida social podendo, dessa forma, mensurar riscos e tomar decisões, assim afastando e impedindo rupturas que não estavam contempladas em suas expectativas.

A importância da segurança jurídica para o desenvolvimento está em voga atualmente, mas o debate não é novo. Remonta a Max Weber que, na clássica obra *Economia e sociedade*, defendeu que a economia de mercado

---

[83] Como já ressaltado na Introdução, a realização deste diagnóstico é extremamente complexa. Não existe uma resposta única à questão aqui proposta. O que se segue é, portanto, a visão do autor a respeito dos principais entraves que inibem a efetiva adoção do *project finance* no Brasil, tendo por base, especialmente, sua experiência internacional. Não há qualquer pretensão do autor de esgotar o tema; muito pelo contrário, busca-se sobretudo conscientizar os diferentes participantes desse mercado das particularidades do modelo brasileiro de financiamento de projetos para, a partir daí, fomentar o debate visando o seu aperfeiçoamento.

[84] BIFANO, Elidie Palma; FAJERSZTAIN, Bruno. O pagamento de ágio na compra de participações societárias e a segurança jurídica. *In*: SCHOUERI, Luiz Eduardo *et al.* (org.). *Estudos de direito tributário em homenagem ao Professor Gerd Willi Rothmann*. São Paulo: Quartier Latin, 2016. v. 1, p. 511-515.

[85] *Ibid.*, p. 514-515.

requer regras estáveis para garantir segurança e previsibilidade às transações privadas.

Para Weber,[86] o capitalismo

> [...] depende da possibilidade de cálculos precisos [...] e [necessita] poder contar com a continuidade, segurança e objetividade do funcionamento da ordem jurídica, com o caráter racional, em princípio calculável, da jurisdição e da administração.

Com efeito, desde os anos 1960, movimentos de "direito e desenvolvimento" vem incorporando a segurança jurídica como uma de suas recomendações, assumindo como premissa válida a existência de uma correlação entre estado de direito (*rule of law*) e desenvolvimento econômico.[87]

Na visão tradicional, considera-se que os países do *civil law* teriam certa vantagem em relação aos do *common law* no que diz respeito à segurança jurídica, na medida em que o direito codificado favoreceria a aplicação da lei de uma forma mais racional e previsível.

A esse respeito, Hans Kelsen afirmou que os sistemas jurídicos em que a produção de normas gerais é reservada a um órgão legislativo central – limitando-se os tribunais a aplicar tais normas gerais aos casos concretos – embora apresentem, por um lado, a desvantagem da falta de flexibilidade, têm, em contrapartida, "[...] a vantagem da segurança jurídica, que consiste no fato de a decisão dos tribunais ser até certo ponto previsível e calculável".[88]

No entanto, essa visão parte da premissa de que os países de tradição romano-germânica efetivamente dispõem de regras claras e estáveis que são, de maneira lógica e previsível, aplicadas administrativa e judicialmente – o que não necessariamente corresponde à realidade. De fato, não é o que se observa no Brasil.

No Brasil, em variadas situações, nem as regras são claras e estáveis, nem há previsibilidade na prestação jurisdicional. Os indivíduos não sabem,

---

[86] WEBER, Max. *Economia e sociedade*: fundamentos da sociologia compreensiva. Tradução de Regis Barbosa e Karen Elsabe Barbosa São Paulo: Editora UnB, 2004. v. 2, p. 301.

[87] SIEMS, Mathias. Comparative legal certainty: legal families and forms of measurement. *In*: FENWICK, Mark; SIEMS, Mathias; WRBKA Stefan (eds.). *The shifting meaning of legal certainty in comparative and transnational law*. Oxford: Hart Publishing, 2017. Disponível em: https://papers.ssrn.com/sol3/papers.cfm?abstract_id=3007094. Acesso em: 10 mar. 2019.

[88] KELSEN, Hans. *Teoria pura do direito*. São Paulo: Martins Fontes, 1998. p. 279.

realmente, como o Estado vai se comportar em nenhuma das três esferas de poder, a ponto de alguns considerarem, em tom irônico, mas com lamentável fundo de verdade que, "[...] no Brasil, até o passado seja incerto".[89],[90]

Os três Poderes dão a sua contribuição – ou, mais precisamente, prestam o seu desserviço – à configuração deste cenário.

O Executivo gera insegurança, por exemplo, com o alto grau de burocracia e incerteza na tramitação de procedimentos administrativos.[91] Aliado a isso, a inação dos agentes públicos por receio de responsabilização pessoal – chamada, no jargão de mercado, de "apagão da caneta" – é apontada

[89] Citação de autoria incerta, comumente atribuída ao ex-ministro Pedro Malan.
[90] Questionado sobre o impacto da insegurança jurídica nos negócios brasileiros, Alexandre Bertoldi, sócio-gestor do Pinheiro Neto Advogados, afirmou: "Fala-se em custo de impostos, de ineficiências e da burocracia, mas a insegurança jurídica é muito subestimada como componente do custo Brasil. Os investidores, principalmente os estrangeiros, convivem com situações não ideais. Diante de regras, sejam boas ou ruins, é possível fazer os cálculos e se chegar a uma decisão. Mas as incertezas tornam certos investimentos inviáveis, porque é muito difícil colocar na avaliação de um negócio a insegurança jurídica. É parecido com a concessão de crédito, em que os bons pagadores acabam pagando pelos inadimplentes. Esse fator de incerteza torna os projetos muito mais caros, porque o investidor passa a querer uma taxa de retorno mais alta, para embutir o risco" (LUZ, Cátia. Risco jurídico trava o crescimento, diz Alexandre Bertoldi. *O Estado de S. Paulo*, São Paulo, 23 jul. 2018. Economia. Disponível em: https://economia.estadao.com.br/noticias/geral,risco-juridico-trava-o-crescimento-diz-alexandre-bertoldi,70002411392. Acesso em: 12 mar. 2019).
[91] De acordo com a OCDE, agilizar os procedimentos de licenciamento, por exemplo, seria vital para estimular os investimentos: "O Brasil poderia aplicar procedimentos administrativos mais fáceis e agilizar os procedimentos de licenciamento de forma ampla, para garantir que suas regulamentações não dificultem a entrada e a concorrência". Especificamente em relação ao licenciamento ambiental, a entidade afirma: "O licenciamento ambiental está somando-se aos custos e à incerteza regulatória de projetos de investimento. Apesar das melhorias recentes, as várias responsabilidades assumidas pelos órgãos ambientais, com pouco pessoal nos níveis federal, estadual e municipal, além dos procedimentos complexos de licenciamento, criam atrasos e incerteza regulatória, inclusive sobre o tamanho do atraso. O processo de licenciamento poderia ser significativamente agilizado, sem esquecer preocupações ambientais legítimas, como, por exemplo, implantando mais janelas únicas, fazendo uso de ferramentas on-line e melhorando o compartilhamento de informações entre órgãos governamentais" (ORGANIZAÇÃO PARA A COOPERAÇÃO E DESENVOLVIMENTO ECONÔMICO. *Op. cit.*, p. 84). De igual modo, durante o seminário "E agora, Brasil?", promovido pelos jornais *O Globo* e *Valor Econômico*, a demora na obtenção de licenças ambientais, bem como a falta de previsibilidade quanto às compensações ambientais que serão exigidas no âmbito dos projetos, foram apontadas como importantes gargalos da infraestrutura no Brasil (SORIMA NETO, João; SCRIVANO, Roberta. Modelo de licença ambiental impede avanços. *Valor Econômico*, São Paulo, 2 ago. 2018).

como um dos fatores que agravam o quadro de ineficiência e instabilidade.[92] No contexto dos projetos de infraestrutura, o Executivo também causa insegurança com indefinição, decisões erráticas[93] e lançamento de projetos em condições desalinhadas com a lógica de mercado.[94]

[92] Ainda a OCDE: "Um fator que atrasa o licenciamento é que os gerentes [servidores] do setor público podem ser considerados pessoalmente responsáveis por suas decisões. Na realidade, os executivos [servidores] têm muito a perder se um juiz, [em] avaliação posterior, tiver uma visão diferente sobre o impacto de uma licença específica que o executivo [servidor] tinha no momento da concessão desse licenciamento. Como resultado, os executivos [servidores] públicos tendem a ser extremamente cuidadosos e tentam apoiar qualquer decisão com análise jurídica longa. Limitar as possibilidades de levar os funcionários públicos para julgamento sobre suas decisões a casos de abusos ou de má-fé teria um potencial significativo de acelerar os procedimentos de licenciamento" (ORGANIZAÇÃO PARA A COOPERAÇÃO E DESENVOLVIMENTO ECONÔMICO. *Op. cit.*, p. 84). No mesmo sentido, a ABDIB sugere a redefinição das competências dos órgãos de fiscalização e controle, como o Tribunal de Contas da União (TCU): "Há necessidade de o Congresso Nacional abordar definitivamente a pauta do limite de atuação desses órgãos. O exercício da competência de controle e fiscalização de programas, projetos e gastos públicos, com foco na legalidade ou na eficiência, não pode se confundir com a função de desenhar diretrizes e características de políticas públicas, cabíveis a órgãos do Poder Executivo. [...] Essa é uma questão essencial para reverter o sentimento de apagão decisório, caracterizado pela insegurança que se alastrou entre funcionários públicos com obrigação de tomar decisões em funções importantes" (ASSOCIAÇÃO BRASILEIRA DA INFRAESTRUTURA E INDÚSTRIAS DE BASE. *Op. cit.*, p. 27).

[93] A ABDIB oferece alguns bons exemplos: "Em outubro de 2017, o governo federal tomou decisão unilateral e revogou portaria que impedia voos de longa distância no aeroporto de Pampulha, afetando a sustentabilidade econômica do aeroporto de Confins. A decisão foi cautelarmente suspensa pelo TCU. Outro exemplo é o vaivém em torno das condições e prazos de pagamento das indenizações derivada do processo de prorrogação de concessão de transmissão de energia em 2012, mediante redução tarifária de 70%. Somente em 2016 o ministério setorial editou portaria indicando regras, o que devolveu capacidade de investimento a muitas concessionárias. No entanto, as regras foram alvo de liminares do Poder Judiciário e de propostas de mudanças em projetos de lei. O setor elétrico é palco de outro caso [...]: a indefinição do governo federal em dar solução para o risco hidrológico, medido pelo GSF [*Generation Scaling Factor*], indicador que mensura a relação entre energia comercializada e energia entregue pelas hidrelétricas. Há fatores alheios à gestão das empresas impedindo a entrega de energia. A indefinição causou inadimplência generalizada e judicialização no mercado de curto prazo de energia. Insegurança jurídica é o que paira ainda sobre operadores de rodovias sob concessão" (ASSOCIAÇÃO BRASILEIRA DA INFRAESTRUTURA E INDÚSTRIAS DE BASE. *Op. cit.*, p. 26).

[94] Exemplo disso, no contexto das concessões, é a exigência de participação do parceiro público na estrutura societária do concessionário, muitas vezes com amplos direitos de veto. Além de trazer instabilidade – afinal de contas, o parceiro privado precisa ter garantias de que o projeto estará livre de qualquer influência de índole política –, tal exigência neutraliza

O Legislativo, por sua vez, é o principal responsável pela existência de leis anacrônicas e marcos regulatórios instáveis.[95] Em interessante estudo publicado em 2017, em que analisa os principais fatores de risco divulgados por 236 empresas abertas em seus formulários de referência, a KPMG Risk Advisory Services (KPMG) constatou que o risco regulatório – entendido como aquele associado a leis, normas e regulamentos atuais e futuros que são aplicáveis ao setor, ao mercado de capitais ou às empresas de modo geral – foi o mais citado entre as 53 categorias de risco levantadas, à frente, por exemplo, dos riscos derivados da concorrência e das condições econômicas e de mercado.[96]

Por fim, o Judiciário, que contribui sobremaneira para este cenário não somente com a morosidade,[97] mas também com a falta de coesão na prestação jurisdicional. De fato, historicamente, o sistema jurisdicional brasileiro sempre pareceu atribuir maior importância à livre formação do convenci-

---

a flexibilidade e a eficiência que caracterizam a gestão privada. Tome-se como exemplo o "trem-bala", projeto TAV Rio de Janeiro-Campinas, adiado há alguns anos após distintas tentativas de licitação. Entre as diferentes razões apontadas para o seu insucesso, muitas estão relacionadas às incertezas derivadas da presença de um sócio público – naquele caso, a Empresa de Planejamento e Logística – "dentro" do concessionário, com 45% de participação e uma *golden share*. De fato, não há como assegurar aos investidores privados que os interesses do parceiro público – por mais legítimos que sejam – permaneceriam alinhados com as melhores práticas de gestão ao longo dos 40 anos de concessão. Atualmente, há uma tendência de redução da interferência estatal na gestão das concessionárias, como se observa no setor aeroportuário. Os primeiros modelos de concessão estabeleciam uma participação de 49% da Empresa Brasileira de Infraestrutura Aeroportuária (Infraero), e de fato alguns aeroportos foram concedidos com sucesso nestas condições. Nas etapas seguintes, decidiu-se eliminar a participação da Infraero da modelagem. Agora, tem-se notícia de que o governo planeja inclusive vender a participação acionária da Infraero nas concessionárias de alguns aeroportos.

[95] Mais um exemplo dado pela ABDIB: "Há mais de 200 projetos de lei em tramitação em âmbito federal e estadual pleiteando descontos ou gratuidades para grupos específicos. Um deles, o PLC 8/2013, pretende isentar do pedágio residentes e trabalhadores de cidades que tenham praça de cobrança, gerando reequilíbrio econômico financeiro e transferindo a conta para o restante dos usuários, que deve sofrer, na média, reajuste de tarifas de 20%, chegando a 205% em caso específico" (ASSOCIAÇÃO BRASILEIRA DA INFRAESTRUTURA E INDÚSTRIAS DE BASE. *Op. cit.*, p. 26).

[96] KPMG. ACI Institute Brasil. *Gerenciamento de risco*: os principais fatores de risco apresentados pelas empresas abertas brasileiras, 2017.

[97] A execução de uma dívida no Brasil leva, em média, 731 dias no Brasil, em comparação com 230 dias na Coreia, 338 no México, 426 no Peru e 480 no Chile (ORGANIZAÇÃO PARA A COOPERAÇÃO E DESENVOLVIMENTO ECONÔMICO. *Op. cit.*, p. 85).

mento dos juízes que à necessidade de uma jurisprudência coesa.[98] Medidas recentes como a súmula vinculante e os métodos de uniformização da jurisprudência do novo Código de Processo Civil caminham no sentido de dotar as decisões judiciais de maior previsibilidade, mas, até o momento, tem-se mostrado insuficientes para alcançar tal objetivo.[99]

Na obra *Por que tenho medo dos juízes*, Eros Roberto Grau – um ex-magistrado, vale recordar – afirma:[100]

> O mercado não poderia existir sem a calculabilidade e previsibilidade instaladas pelo direito moderno. O direito moderno, posto pelo Estado, é racional, porque cada decisão jurídica é aplicação de uma proposição abstrata munida de generalidade a uma situação de fato concreta, em coerência

---

[98] FELSBERG, Thomas Benes; AZZONI, Clara Moreira; COSTA, Thiago Dias. As duas faces da segurança jurídica. *Revista CCASP*, São Paulo, v. 34, n. 7, p. 80-82, abr. 2018.

[99] FELSBERG, Thomas Benes; AZZONI, Clara Moreira; COSTA, Thiago Dias. *Op. cit.*, p. 80-82. Também podem ser citados como avanços recentes na tentativa de dotar as decisões judiciais de maior previsibilidade: (i) o teor do art. 489, §1º, II do Novo Código de Processo Civil (Lei 13.105/2015), que estabelece que "[...] não se considera fundamentada qualquer decisão judicial [...] que empregar conceitos jurídicos indeterminados, sem explicar o motivo concreto de sua incidência no caso"; e (ii) as mudanças introduzidas na Lei de Introdução às Normas do Direito Brasileiro pela Lei n. 13.655/2018, no sentido de evitar a abstração do intérprete e exigir dele algum compromisso com as consequências de suas decisões. Floriano de Azevedo Marques Neto, um dos autores do projeto que deu origem à Lei n. 13.655/2018, assim explicou o seu conteúdo e principais objetivos: "No direito contemporâneo, cada vez mais, decisões se baseiam em valores abstratos, princípios ou não. Isso é inevitável e necessário, mas não pode convolar num voluntarismo hermenêutico, manejado inconsequentemente. O art. 20 impõe a todo decisor um ônus argumentativo. Se a decisão se fundamenta em valores abstratos, à motivação deve ser somada uma análise suficiente das consequências cogitadas, inclusive, com demonstração comparativa das alternativas. Mesmo que não se baseiam em valores abstratos, quando a decisão invalide ato ou negócio jurídico, a lei (art. 21) impõe ao decisor ponderar as consequências, inclusive para regular os efeitos da sua supressão do mundo jurídico. Já o art. 22 determina que, no direito público, a aplicação considere as condicionantes do mundo real, sejam os obstáculos reais ou as políticas públicas (caput), sejam as circunstâncias impositivas existentes ao tempo da prática do ato questionado (§1º). Visa, também, a estabelecer parâmetros para o poder sancionatório estatal (art. 22, §2º) e dar balizas de coordenação para as múltiplas competências punitivas (art. 22, §3º). A lei toca o cerne da segurança jurídica" (MARQUES NETO, Floriano de Azevedo. A nova Lei de Introdução às Normas do Direito Brasileiro: uma batalha vencida, outras por vir. *Revista CAASP*, São Paulo, n. 36, ano 7, p. 70-72, ago. 2018).

[100] GRAU, Eros Roberto. *Por que tenho medo dos juízes*: sobre a interpretação/aplicação do Direito. 6. ed. São Paulo: Malheiros Editores, 2014. p. 121.

com determinadas regras legais. Eis o que define a racionalidade do direito: as decisões deixam de ser arbitrárias e aleatórias, tornam-se previsíveis.

E, analisando o contexto brasileiro, sentencia: "o Poder Judiciário aqui, hoje, converte-se em um produtor de insegurança".[101],[102]

[101] *Ibid.*, p. 18.

[102] Em celebrado – e igualmente contestado – artigo publicado em 2005, Persio Arida, Edmar Bacha e André Lara-Resende afirmaram que a atrofia do mercado de crédito de longo prazo no Brasil deve-se, pelo menos em parte, ao viés anticredor das decisões judiciais. (ARIDA, Pérsio; BACHA, Edmar Lisboa; LARA-RESENDE, André. Credit, interest, and jurisdictional uncertainty: conjuctures on the case of Brazil. *In*: GIAVAZZI, Francesco; GOLDFAJN, Illan (ed.). *Inflation targeting and debt, and the Brazilian experience, 1999 to 2003*. Cambridge: MIT Press, 2005). O argumento é que juízes frequentemente tomariam decisões baseados em suas crenças políticas, mais que nos ditames legais, e com isso os bancos não encontrariam respaldo para a concessão de crédito de longo prazo, o que também explicaria, em parte, as altas taxas de juros praticadas no Brasil. Vários estudos se seguiram a este e as opiniões divergem: de um lado, há quem corrobore do mesmo entendimento, afirmando que a politização dos juízes seria, de fato, um fenômeno causador da falta de previsibilidade dos tribunais brasileiros (PINHEIRO, Armando Castelar. *Judiciário, reforma e economia:* a visão dos magistrados. Texto para Discussão n. 966. Rio de Janeiro: Ministério do Planejamento, Orçamento e Gestão/IPEA, 2003). De outro, há quem defenda que inexiste tal viés anticredor, chegando alguns a afirmar que, em verdade, o que existe é um viés antidevedor por parte do Judiciário brasileiro (GONÇALVES, Fernando M.; HOLLAND, Márcio; SPACOV, Andrei. Can jurisdictional uncertainty and capital controls explain the high level of real interest rates in Brazil? Evidence from panel data. *Revista Brasileira de Economia*, Rio de Janeiro, v. 61, n. 1, p. 49-75, jan./mar. 2007). Nenhuma análise empírica havia sido feita, contudo, até que Luciana Yeung e Paulo Azevedo realizaram um levantamento de 1.687 Recursos Especiais julgados pelo Superior Tribunal de Justiça (STJ) em um período de 10 anos (1998 a 2008) (YEUNG, Luciana Luk-Tai; AZEVEDO, Paulo Furquim de. Nem Robin Hood, nem King John: testando o viés anti-credor e anti-devedor dos magistrados brasileiros. *Economic Analysis of Law Review*, Brasília-DF, v. 6, n. 1, p. 1-22, jan./jun. 2015). As decisões analisadas não mostraram forte pendência dos magistrados em prol de um ou outro lado da relação contratual, sugerindo a inexistência de um viés explícito (seja anticredor, seja antidevedor). Por outro lado, verificou-se que o STJ reformou mais da metade dos casos analisados, fator que indicaria uma alta variabilidade de decisões versando sobre assuntos afins. Tal estudo foi importante para demonstrar que viés judicial não é sinônimo de insegurança jurídica. Enquanto o viés judicial pressupõe a existência de decisões consistentes e reiteradas a favor (ou contra) certos grupos de indivíduos da sociedade, a insegurança jurídica aponta para uma imprevisibilidade sobre a forma como os tribunais decidirão a respeito de certo caso, ainda que casos similares já tenham sido julgados no passado. Concluem Yeung e Azevedo que, embora o viés judicial anticredor pareça encontrar-se em níveis modestos no Brasil, "[...] quando se discute sobre a estabilidade e consistência das decisões que versem sobre assuntos afins, percebe-se que a variabilidade parece, de fato, ser alta". Ou seja, a insegurança jurídica – se definida como a imprevisibilidade sobre a decisão dos magistrados sobre assuntos

Tomem-se como exemplos as seguintes decisões judiciais, entre tantas outras de similares consequências:

(i) O acórdão do Superior Tribunal de Justiça (STJ) no qual o Ministro Herman Benjamim afirmou que, para apurar o nexo causal em questões ambientais, "[...] equiparam-se quem faz, quem não faz quando deveria fazer, quem deixa fazer, quem não se importa que façam, quem financia para que façam e quem se beneficia quando outros fazem".[103] Por mais louvável que tenha sido a sua intenção de proteger o meio ambiente, será que o Ministro avaliou os potenciais efeitos adversos de uma conceituação tão ampla de nexo causal, em uma matéria em que já vigora um regime de responsabilidade objetiva? Em especial, o Ministro avaliou os impactos negativos que a sua decisão poderia ter sobre a atividade creditícia?[104]

(ii) As decisões judiciais que, em afronta à dicção do Art. 49, § 3º da Lei 11.101/2005[105] (Lei de Falências e de Recuperação de Empre-

---

afins, e medida pela reversão das decisões judiciais – parece ser bastante alta no Judiciário brasileiro (YEUNG, Luciana Luk-Tai; AZEVEDO, Paulo Furquim de. *Op. cit.*).

[103] SUPERIOR TRIBUNAL DE JUSTIÇA. REsp: 650728 SC 2003/0221786-0. Relator: Ministro HERMAN BENJAMIN, Data de Julgamento: 23/10/2007, T2 – SEGUNDA TURMA, Data de Publicação: DJe 02/12/2009. Disponível em: https://stj.jusbrasil.com.br/jurisprudencia/8637993/recurso-especial-resp-650728-sc-2003-0221786-0/inteiro-teor-13682613?ref=juris-tabs. Acesso em: 20 fev. 2019.

[104] A este respeito, Pedro Guilhardi sustenta: "Não há [...], para fins de análise de responsabilização das instituições financeiras, como adotar a responsabilidade objetiva nem a solidária, pois deve se perquirir a culpa do órgão financiador como concorrente para a efetivação do dano, tudo sob pena de que 'se o financiador respondesse com base na conduta do financiado e não na sua, não teria incentivo para ser zeloso. A lei, de forma mais inteligente que parte dos seus comentadores, deu ao financiador um grande incentivo para cumprir com suas obrigações perante a implementação da política pública ambiental: ser responsável pelos seus atos. Ao fazer isso, não comprometeu a oferta de crédito, nem deixou de eficientemente proteger o meio ambiente com uma necessária concessão responsável do crédito'. A adoção de entendimento diverso poderia causar um desequilíbrio nefasto 'entre as duas políticas públicas: a ambiental e a econômica, na sua vertente creditícia'" (GUILHARDI, Pedro. Responsabilidade civil dos bancos por dano ambiental em projetos financiados. *Lex Magister*, 10 fev. 2016. Disponível em: http://www.lex.com.br/doutrina_27088858_RESPONSABILIDADE_CIVIL_DOS_BANCOS_POR_DANO_AMBIENTAL_EM_PROJETOS_FINANCIADOS.aspx. Acesso em: 1 mar. 2019). Para uma análise mais aprofundada do tema, ver: SAMPAIO, Rômulo Silveira da Rocha. *Fundamentos da responsabilidade civil ambiental das instituições financeiras*. Rio de Janeiro: Elsevier, 2013.

[105] Lei n. 11.101/2005, Art. 49, § 3º: Tratando-se de credor titular da posição de proprietário fiduciário de bens móveis ou imóveis, de arrendador mercantil, de proprietário ou promitente

sas), determinam a sujeição à recuperação judicial de recebíveis alienados fiduciariamente pelo devedor (conhecido, no jargão do mercado, como "trava bancária"), sob o argumento de que a sua destinação aos credores poderia inviabilizar o soerguimento do devedor, principal objetivo do pedido de recuperação.[106] São os julgadores conscientes da insegurança que decisões deste tipo trazem aos credores fiduciários?

(iii) As decisões do Tribunal de Justiça de São Paulo atribuindo à cláusula *take-or-pay* a natureza de cláusula penal, o que permitiria a sua redução pelo juiz na hipótese de considerá-la abusiva.[107] Acaso

vendedor de imóvel cujos respectivos contratos contenham cláusula de irrevogabilidade ou irretratabilidade, inclusive em incorporações imobiliárias, ou de proprietário em contrato de venda com reserva de domínio, seu crédito não se submeterá aos efeitos da recuperação judicial e prevalecerão os direitos de propriedade sobre a coisa e as condições contratuais, observada a legislação respectiva, não se permitindo, contudo, durante o prazo de suspensão a que se refere o § 4º do art. 6º desta Lei, a venda ou a retirada do estabelecimento do devedor dos bens de capital essenciais a sua atividade empresarial (BRASIL. Lei n. 11.101, de 11 de fevereiro de 2005. Regula a recuperação judicial, a extrajudicial e a falência do empresário e da sociedade empresária. *Diário Oficial da União*, Poder Executivo, Brasília-DF: 9 fev. 2005. Disponível em: http://www.planalto.gov.br/ccivil_03/_Ato2004-2006/2005/Lei/L11101.htm. Acesso em: 28 fev. 2019).

[106] Há, na jurisprudência brasileira, grande divergência quanto à possibilidade de classificação dos recebíveis como "bens de capital", cuja posse deve atribuir-se à sociedade em recuperação judicial por força da parte final do Art. 49, § 3º da Lei 11.101/2005. Recentemente, o STJ entendeu que recebíveis alienados fiduciariamente não podem ser classificados como "bens de capital", não se sujeitando, portanto, aos efeitos da recuperação judicial (Recurso Especial nº 1.758.746/GO). Seria lógico esperar que este novo precedente viesse a consolidar o entendimento dos tribunais brasileiros nesse mesmo sentido, trazendo maior segurança jurídica aos credores de garantias fiduciárias. Entretanto, já há registro de decisões proferidas em sentido contrário, mesmo após o referido acórdão do STJ, como ocorreu na recuperação judicial da Livraria Cultura (Processo n. 1110406-38.2018.8.26.0100, em trâmite perante a 2ª Vara de Falências e Recuperações Judiciais do Foro Central Cível) (MEYER, Machado; COSTA, Marcos, ANDRADE, Sávio Pereira de et al. Novo precedente do STJ sobre cessão judiciária de recebíveis e o conceito de bem de capital. *Inteligência Jurídica*, 13 fev. 2019. Disponível em: https://www.machadomeyer.com.br/pt/inteligencia-juridica/publicacoes-ij/contencioso-arbitragem-e-solucao-de-disputas-ij/novo-precedente-do-stj-sobre-cessao-fiduciaria-de-recebiveis-e-o-conceito-de-bem-de-capital. Acesso em: 24 mar. 2019).

[107] Por exemplo, as decisões proferidas nos âmbitos dos seguintes procedimentos: TRIBUNAL DE JUSTIÇA DE SÃO PAULO. 920. Apelação n. 920.184-0/5, julgada em 30.03.2006 pela 32ª Câmara de Direito Privado, Rel. Ruy Coppola; TRIBUNAL DE JUSTIÇA DO ESTADO DE SÃO PAULO. Embargos Infringentes 1.087.200-1/5, julgados em 10.07.2008 pela 36ª Câmara de Direito Privado, Rel. Pedro Baccarat. Disponível em: https://tj-sp.jusbrasil.

são os julgadores conscientes de que, em determinadas operações de *project finance*, é a cláusula *take-or-pay* que garante ao projeto um determinado nível de receitas futuras que dá sustentação ao financiamento?[108]

Todo esse cenário de insegurança, para o qual contribuem os Poderes Executivo, Legislativo e Judiciário, dificulta a adoção do *project finance* no Brasil. Afinal, como pretender que o financiamento seja concedido com lastro no fluxo de caixa futuro do projeto se, por exemplo, não se tem segurança quanto aos critérios e prazos necessários à obtenção de licenças e autorizações administrativas? Se os marcos regulatórios são instáveis? Se há reiteradas decisões judiciais contrárias à letra da lei e dos contratos?

Não se trata de uma constatação abstrata, mas de uma percepção real do mercado. Questionado sobre os fatores jurídicos que dificultam a adoção do *project finance* no Brasil, Ricardo Justo[109] apontou a insegurança jurídica como o principal deles:

> A questão da insegurança jurídica é central no Brasil. Na medida em que você tem, por exemplo, dificuldade para entender o marco regulatório, qualquer análise de crédito que se faça dos riscos do projeto levará os financiadores a buscar uma situação de proteção máxima. Desse modo, se tudo o que os patrocinadores oferecem são os ativos que compõem o próprio projeto, os financiadores, com muito receio das mudanças do marco regulatório e outras intercorrências que possam afetar esses ativos, acabam buscando um nível de proteção adicional junto aos patrocinadores, exigindo-lhes garantias pessoais. Assim, desvirtua-se o *project finance* para se fazer, em realidade, uma operação de *corporate finance* destinada a financiar um projeto. É a insegurança jurídica que leva a isso.

---

com.br/jurisprudencia/3467574/embargos-infringentes-ei-1087200015-sp/inteiro-teor-101455717?ref=juris-tabs. Acesso em: 1 mar. 2019. TRIBUNAL DE JUSTIÇA DE SÃO PAULO. APL: 9232322582008826 SP 9232322-58.2008.8.26.0000. Relator: Gil Coelho, Data de Julgamento: 17/05/2012, 11ª Câmara de Direito Privado, Data de Publicação: 19/05/2012. Disponível em: https://tj-sp.jusbrasil.com.br/jurisprudencia/21696826/apelacao-apl-9232322582008826-sp-9232322-5820088260000-tjsp/inteiro-teor-110444943?ref=serp. Acesso em: 1 mar. 2019.

[108] Sobre as cláusulas *take-or-pay*, ver item 2.3.1 desta obra.
[109] *Banker* do Brasil Plural, em entrevista concedida ao autor.

No mesmo sentido, a opinião de Gabriel Galípolo:[110]

> Diria que um elemento fundamental é a insegurança do ponto de vista do arcabouço institucional. As mudanças e guinadas que ocorrem são muito negativas. Mais do que você gostar ou não das regras do jogo, acho que o principal é ter clareza e manutenção do que são as regras do jogo. Se você olhar os setores que tiveram algum tipo de maturidade maior, são aqueles justamente que você teve uma estabilidade mais longa. [...] Não é fácil, porque se trata de conferir estabilidade a uma coisa [projeto de infraestrutura] que é dinâmica. De fato, quando a gente faz um estudo de viabilidade para uma concessão de 20, 30 anos, a única certeza que a gente tem é que não vai acontecer daquele jeito, que vão aparecer fatos supervenientes, questões novas que vão exigir readequações... Mas, garantindo que a forma como serão conduzidas e julgadas essas readequações tem uma certa estabilidade, é um ponto fundamental. Ainda existe muito receio em função disso.

Constata-se, assim, que a insegurança jurídica, traduzida na falta de previsibilidade quanto às variáveis que podem afetar o andamento do projeto no longo prazo, configura-se como um dos principais fatores que levam os agentes financeiros a exigirem garantias pessoais dos patrocinadores no âmbito dos financiamentos de projetos no Brasil, afastando o modelo

---

[110] Diretor-Presidente do Banco Fator, em entrevista concedida ao autor. Vale ressaltar que, antes de mencionar a questão da insegurança jurídica, o entrevistado citou um fator de índole econômica, em concreto, as altas taxas de juros praticadas no Brasil, como principal motivo para o modelo brasileiro de financiamento de projetos na sua formulação atual, constatando que a recente queda dos juros poderá contribuir para uma mudança deste cenário. Eis o seu diagnóstico: "As altas taxas de juros no Brasil acabam por consumir uma fatia significativa daquilo que a gente pode chamar da poupança disponível no país, direcionando-a para títulos públicos, que são papéis de um risco baixo (ou zero), que a gente poderia chamar de ativo de menor risco da economia, com um prêmio muito bom. Isso colocava aqueles que tinham o controle sobre as decisões de onde direcionar essa poupança numa situação confortável, onde não era necessário ter um apetite muito alto para risco, como ocorre nos projetos de infraestrutura, por exemplo, que são projetos de baixa liquidez, longo prazo de maturação, com uma série de riscos que são desconhecidos pelo investidor, do ponto de vista de engenharia, regulatório, e questões deste tipo. Isso provocou um cenário de certo conforto onde não era necessário você correr um risco desse tamanho [...]. Agora, nós temos um cenário novo. Pela primeira vez, a gente tem taxas de juros baixas, com uma perspectiva de elas permanecerem baixas por mais tempo [...]. Talvez, a gente possa assistir [...] essa poupança, que está ficando órfã de uma taxa de juros mais alta, ser obrigada a correr um pouco mais de risco".

brasileiro da essência do *project finance* e das principais finalidades a que tal método de financiamento se destina.

3.2.2. Insuficiência de arranjos contratuais mitigadores dos riscos de construção

O segundo fator que será aqui apontado como inibidor do *project finance* no Brasil tem estreita relação com o cenário de incerteza retratado no item anterior, e consiste na insuficiência de arranjos contratuais mitigadores dos riscos de construção.

Como visto acima, dois dos requisitos estabelecidos pelo BNDES para a dispensa de garantia pessoal na fase de construção são:

(i) a celebração de contratos que obriguem os construtores e/ou fornecedores de equipamentos a concluir o projeto dentro do orçamento predeterminado, em data previamente especificada e conforme as especificações técnicas destinadas a assegurar a operacionalização e o desempenho eficiente do projeto; e

(ii) a contratação de seguro garantia, em benefício dos financiadores, contra riscos referentes à fase pré-operacional do projeto.

Nenhum dos dois requisitos é facilmente atendido no Brasil.

No que diz respeito ao primeiro, a celebração de EPCs[111] não vem se mostrando suficiente para mitigar os riscos de construção de forma satisfatória para os agentes financeiros, a ponto de que estes concedam o financiamento sem recurso ou com recurso limitado aos patrocinadores durante a fase de construção.

Em realidade, todo cenário de insegurança jurídica descrito anteriormente faz com que os construtores dificilmente aceitem assumir os riscos de atrasos e sobrecustos dos projetos, sendo habitualmente estabelecidos nos EPCs limites de penalizações (normalmente atrelados a um percentual do preço), além de uma série de excludentes visando a proteção da posição jurídica do construtor.

Nesse sentido, José Virgílio Lopes Enei opina:[112]

> Embora o contrato EPC constitua o primeiro e principal mitigador do risco de construção, não tem sido considerado, por BNDES e outros finan-

---

[111] Sobre contratos na modalidade EPC, ver item 2.3.2.1, p. 37, desta obra.
[112] ENEI, José Virgílio. *Op. cit.*, 2018a, p. 526.

ciadores, como elemento suficiente para tal propósito. Isso porque, na realidade prática, o contrato EPC nunca transfere 100% dos riscos de construção ao epecista [construtor], o qual, em regra, não aceita responder pelos riscos de caso fortuito e força maior, aumento da carga tributária, certos riscos geológicos, aumento de encargos decorrentes de mudanças de lei, entre outros. Configurados tais riscos não transferidos, o epecista [construtor] fará jus à revisão do preço e do prazo de conclusão da obra.

Colabora com esse cenário o fato de que, no Brasil, muitas vezes, os projetos não são adequadamente estudados e estruturados em suas fases preparatórias. Não é raro encontrar situações em que o construtor é chamado a apresentar proposta com base em estudos técnicos preliminares, termos de referência ou projetos básicos incompletos ou insuficientes, com baixo nível de qualidade de dados de engenharia.[113]

Diante de tantas incertezas quanto ao objeto da contratação, não é razoável supor que o construtor aceitará assumir a responsabilidade de entregar a obra em prazo certo e por preço fechado. Se o fizer, demandará a inclusão de tantas condicionantes no EPC que acabará desvirtuando a sua natureza *"turn-key"*.

Por outro lado, em certas ocasiões, esse contexto de incerteza dá margem ao surgimento de propostas temerárias por parte de alguns construtores, que apresentam suas ofertas confiando, desde o princípio, que conseguirão revisar as condições contratuais inicialmente pactuadas, amparados nas excludentes de responsabilidade contratuais ou, de forma mais ampla, em pleitos de reequilíbrio econômico-financeiro do contrato.

Há outro fator que merece destaque. No Brasil, é habitual que os patrocinadores sejam grupos construtores que, além do desenvolvimento do projeto, se ocupam também da sua construção. Nesses casos, SPE e construtor são do mesmo grupo e se confundem, prejudicando a alocação de riscos típica de um EPC. Com que incentivo, por exemplo, uma SPE cobrará uma penalidade de um construtor do mesmo grupo que o seu? Ou, ainda, em que medida tal grupo estará realmente preocupado com o eventual

---

[113] Ricardo Justo (Brasil Plural) levantou esse ponto em entrevista concedida ao autor destacando que, muitas vezes, o imediatismo dos governos, associado à necessidade de concluir obras dentro dos ciclos eleitorais, faz com que projetos sejam colocados em licitação sem o nível adequado de dados de engenharia.

insucesso de um projeto, se ele também está sendo remunerado via contrato de construção?

Todos esses fatores, conjuntamente considerados, fazem com que a configuração dos EPCs no Brasil seja, em geral, desfavorável à estruturação de operações de *project finance*. Afinal, na ótica dos financiadores, a ausência de certeza jurídica quanto ao prazo e ao preço da obra significa, em última análise, que o risco de construção não foi devidamente transferido ao construtor.

Quanto ao segundo requisito exigido pelo BNDES para a dispensa da garantia pessoal dos patrocinadores, a realidade é que inexiste, no Brasil, um mercado maduro de seguros destinados a cobrir riscos de construção, conhecidos como *completion bonds*.[114] Os seguros-garantia,[115] em tese, poderiam atender a essa função, mas os agentes financeiros dificilmente os aceitam em razão das dificuldades práticas para a sua execução.[116]

O BNDES, por exemplo, embora possua em sua política de crédito a previsão de seguro-garantia em operações de *project finance*, não vem aceitando tal modalidade de garantia na prática.[117]

---

[114] Na definição do Cambridge Dictionary: *"A promise by an insurance company to the person or financial organization financing a project that it will provide the money needed to complete the project, even if something unexpected happens"* (COMPLETION BOND. In: CAMBRIDGE DICTIONARY, 2019. Disponível em: https://dictionary.cambridge.org/dictionary/english/completion-bond. Acesso em: 17 mar. 2019).

[115] Modalidade de seguro regulado pela Circular SUSEP n. 477/2013, que tem por objetivo garantir o fiel cumprimento de obrigações contratuais assumidas pelo tomador perante o segurado (SUPERINTENDÊNCIA DE SEGUROS PRIVADOS. Circular Susep n. 477, de 30 de setembro de 2013. Dispõe sobre o Seguro Garantia, divulga Condições Padronizadas e dá outras providências. Disponível em: http://www2.susep.gov.br/bibliotecaweb/docOriginal.aspx?tipo=1&codigo=31460. Acesso: 2 mar. 2019).

[116] Essa tendência não se restringe ao Brasil. De acordo com o escritório Latham & Watkins "[...] *completion bonds are not viewed as particularly comforting, since they are issued by insurance companies, and insurance companies tend to like to collect premiums and resist paying claims*" (LATHAM, WATKINS. *The book of project finance jargon*. 2. ed. New York: Latham & Watkins, 2013. p. 19).

[117] Confira-se, nesse sentido, a afirmação de José Virgílio Lopes Enei: "A vantagem do *completion [bond]* seria um custo menor do que o praticado pelos bancos comerciais, em suas fianças bancárias. Contudo, como um seguro, o *completion [bond]* não apresenta a mesma liquidez e força de uma fiança bancária. [...] Embora algumas operações tenham sido viabilizadas com o *completion bond* na primeira década dos anos 2000, o BNDES passou posteriormente a rejeitá-lo em razão de experiências negativas com a execução de determinadas apólices" (ENEI, José Virgílio Lopes. *Op. cit.*, 2018, p. 527).

Sendo assim, dificilmente os patrocinadores e a SPE conseguem atender os requisitos habitualmente estabelecidos pelo BNDES e agentes financeiros em geral para a dispensa de garantias pessoais durante a fase de construção, o que resulta, em termos práticos, na exigência de tais garantias na grande maioria dos casos.

3.2.3. Limitação da análise e do acompanhamento do projeto pelos agentes financeiros

Constata-se, ainda, que a adoção do *project finance* é dificultada no Brasil porque os agentes financeiros, em regra, não estão acostumados (ou dispostos) a realizarem análises e acompanhamentos exaustivos dos projetos.

Na fase que antecede o financiamento, verifica-se no Brasil que os agentes financeiros muitas vezes deixam de realizar auditorias (*due diligence*) minuciosas dos projetos, bem como de revisar detalhadamente os contratos a serem celebrados pela SPE para a sua execução (EPC, operação e manutenção, etc.).

Da mesma maneira que, uma vez concedido o financiamento, deixam de acompanhar a evolução das obras *in loco*, com o apoio de assessores técnicos especializados. Em regra, tal verificação realiza-se por equipes internas dos agentes financeiros, muitas vezes através de simples análise documental – diário de obra, notas fiscais, etc. – sem a contratação de assessores externos, nem visitas físicas às obras.

A razão é simples: como, em geral, os agentes financeiros contam com garantias pessoais durante a fase de construção, faltam-lhes incentivos para analisar detidamente o projeto e acompanhar de perto a evolução dos trabalhos. Afinal, havendo qualquer intercorrência, a garantia poderá ser acionada.

Trata-se de uma disfunção do modelo brasileiro que se retroalimenta. Exige-se garantia pessoal dos patrocinadores, especialmente durante a fase de construção, fazendo com que os agentes financeiros não tenham incentivos para analisar e acompanhar exaustivamente o projeto. E sem uma análise e um acompanhamento exaustivos do projeto, não se pode conceber o financiamento na modalidade *project finance*. Então, a única saída para viabilizar o financiamento é exigir garantia pessoal dos patrocinadores. E assim, o Brasil se torna refém de um círculo vicioso que inibe a efetiva adoção do *project finance* no país.

Para alinhar o modelo brasileiro às melhores práticas do *project finance*, é preciso romper essa lógica. Faz-se necessário um maior envolvimento dos agentes financeiros nos projetos, tanto na fase prévia à concessão do financiamento, como no acompanhamento das obras durante a fase de construção.

Somente assim será possível aos agentes financeiros conviver com a ausência ou limitação de responsabilidade dos patrocinadores, dependendo dos riscos e das características de cada projeto. Insistir na prática atual de exigência de garantia pessoal com independência da análise e do acompanhamento do projeto é sepultar as possibilidades de desenvolvimento do verdadeiro *project finance* no Brasil.

4
Propostas de aperfeiçoamento

Identificados os principais entraves jurídicos que, na visão do autor, inibem a adoção do *project finance* no Brasil, o presente capítulo destina-se a apresentar propostas de aperfeiçoamento do modelo brasileiro de financiamento de projetos sob duas abordagens distintas: em um primeiro momento, discorrendo sobre o que seria a solução, em tese, ideal para superar os referidos entraves (*first-best*); e posteriormente, focando em medidas que, embora não sejam suficientes para resolver o problema em todas as suas dimensões, ajudariam a viabilizar a efetiva implementação desta modalidade de financiamento no país (*second-best*).[118]

4.1. *First-best*: um pacto para dotar os projetos de infraestrutura de maior segurança jurídica

A solução, em tese, ideal para o problema aqui retratado passa por um pacto para dotar os projetos de infraestrutura de maior segurança jurídica, envolvendo todos os poderes da República, nos três níveis federativos. A partir do diagnóstico de que um dos principais entraves à adoção do *project finance* no Brasil é a insegurança jurídica, constata-se que somente

---

[118] De modo complementar à presente obra, recomenda-se a leitura de relatório publicado pelo BID intitulado *Improving Infrastructure Financing in Brazil*, no qual também são apresentadas recomendações com vistas ao aprimoramento do modelo brasileiro de financiamento de projetos (WORLD ECONOMIC FORUM. *Improving infrastructure financing in Brazil*. Cologny/Geneva/Switzerland: Inter-American Development Bank, 2019. Disponível em: https://publications.iadb.org/en/improving-infrastructure-financing-brazil. Acesso em: 15 fev. 2019).

um pacto desta natureza seria capaz de atacar o problema em todas as suas dimensões.

Para tanto, requer-se um consenso político com vistas a dotar o ambiente de negócios brasileiro e, em especial, os projetos de infraestrutura, de maior previsibilidade, aliado à implementação de reformas estruturais que confiram ao país a estabilidade econômica, política e jurídica necessárias.[119]

É certo que medidas pontuais podem ser adotadas com vistas a viabilizar a implantação de projetos individualmente considerados. Mas a adoção de tais medidas não pode ser vista como a solução ideal, pois invariavelmente implica em maiores custos de transação, além de não evitar que o projeto continue exposto às vulnerabilidades típicas dos países mais instáveis.[120]

Em artigo destinado a analisar as dificuldades de se atrair investimento estrangeiro para a infraestrutura, o Foreign Investment Advisory Services (FIAS)[121] constatou:[122]

---

[119] Na visão de William M. Stelwagon: *"Developing nations can attract foreign investment and reduce the cost of financing private [...] projects by stabilizing their economic, political and legal environments. First, a developing nation must stabilize exchange rates and inflation. [...] Second, a developing nation can ensure a climate conductive to foreign investment by developing a political consensus in support of infrastructure privatization. Political consensus will reduce the political risks perceived by foreign developers and lenders. Third, host nations should focus on the development of legal systems that are predictable and fair"* (STELWAGON, William M. Financing private energy projects in the third world. *The Catholic Lawyer*, v. 37, n. 1, p. 45-72, out. 2017).

[120] Nesse sentido, a opinião da IFC: *"While there are a number of ways, as this report illustrates, to compensate for a weak domestic legal and regulatory environment, they will inevitably entail additional transaction and financing costs and still leave a project vulnerable to unexpected adverse developments"* (AHMED, Priscila A. *Project finance in developing countries*: IFC's lessons of experience. Washington, D. C.: International Finance Corporation, 1999. p. 94. (Lessons of experience series, n. 7).

[121] O FIAS é uma iniciativa conjunta do Banco Mundial e da IFC que oferece uma série de serviços aos países em desenvolvimento com vistas a fomentar o investimento estrangeiro direto.

[122] Tradução livre do autor. No original: *"Countries that have managed to attract substantial amounts of foreign direct investment into their infrastructure sectors have done so by instituting basic reforms measures. They recognized the need to install a policy framework that allows for an effective implementation of private infrastructure projects in a way that meet investor needs as well as the social and political objectives of governments. However, this does typically require a significant reform effort by the government, an effort that cannot be replaced by ad hoc measures whenever problems arise in the preparation of individual projects"* (SADER, Frank. *Attracting foreign direct investment into infrastructure*: why is it so difficult? Washington, D. C.: The International Finance Corporation

PROPOSTAS DE APERFEIÇOAMENTO

Países que lograram atrair montante substancial de investimento estrangeiro direto a seus setores de infraestrutura o fizeram por meio da implementação de reformas básicas. Eles reconheceram a necessidade de promover políticas que permitam uma implementação eficaz de projetos privados de infraestrutura, de maneira a satisfazer as necessidades dos investidores, bem como os objetivos sociais e políticos dos governos. Entretanto, isto tipicamente requer um esforço reformador significativo do governo, um esforço que não pode ser substituído por medidas *ad hoc* sempre que problemas surgirem na estruturação de projetos individuais.

Nesse sentido, a visão da International Finance Corporation (IFC):[123]

Apesar de a IFC ter utilizado o *project finance* em uma ampla gama de países [...], projetos individuais não podem atuar como um catalizador para o desenvolvimento econômico e o crescimento, a não ser que o sistema geral em que se inserem seja contributivo. As técnicas de *project finance* são mais bem-sucedidas em economias em que os negócios são transparentes, os contratos são respeitados (particularmente aqueles entre o Estado e entidades do setor privado) e exista um sistema para resolver disputas de maneira justa.

Não há atalhos, portanto. A verdadeira mudança somente virá com ampla conscientização do problema e ação coordenada no sentido de implementar as reformas necessárias.

Cabe, neste ponto, indagar: que medidas seriam desejáveis para dotar os projetos de infraestrutura brasileiros de maior segurança jurídica? Tendo por base as propostas de organismos nacionais e internacionais, e à luz das questões tratadas ao longo desta obra, vislumbram-se, entre outras, as seguintes:[124]

---

and the World Bank, 2000. p. 10 e 87. (Foreign Investment Advisory Service Occasional Paper, 12).

[123] Tradução livre do autor. No original: *"Although IFC has used project finance in a broad range of country environments [...], individual projects cannot act as a catalyst for economic development and growth unless the overall framework is supportive. Project finance techniques are most successful in an economic and country environment where business dealings are transparent, contracts are respected (particularly contracts between state and private sector entities), and a framework exists for resolving disputes fairly"* (AHMED, Priscila. *Op. cit.*, p. 73-74).

[124] Algumas das medidas que se elencam a seguir coincidem com as recomendações da OCDE e da ABDIB para aumentar o investimento em infraestrutura no Brasil, constantes do Re-

1. Estabelecimento de um diálogo aberto sobre a importância do crédito privado para o desenvolvimento econômico e social e os instrumentos contratuais disponíveis para sua viabilização, envolvendo o Executivo, o Legislativo e o Judiciário, nos três níveis da federação.
2. Criação de um órgão – ou fortalecimento de um já existente, podendo o Programa de Parcerias de Investimentos (PPI),[125] por exemplo, exercer esse papel –, assegurando fluidez para as diversas ações [...] e preservando o diálogo com o setor privado e a previsibilidade na condução dos processos.[126]
3. Maior participação dos organismos multilaterais no contexto do financiamento de projetos no Brasil, não somente com linhas de cré-

---

latório Econômico (ORGANIZAÇÃO PARA A COOPERAÇÃO E DESENVOLVIMENTO ECONÔMICO. Op. cit.) e da Agenda de Propostas para a Infraestrutura 2018 (ABDIB. Op. cit.), respectivamente. Referidos estudos contêm, ainda, recomendações para aperfeiçoar as políticas macroeconômicas e fomentar a integração do Brasil na economia mundial, além de propostas setoriais que, se implementadas, também poderiam ter impacto positivo sobre o desenvolvimento da infraestrutura brasileira. Recomenda-se, assim, a sua leitura.

[125] De acordo com o Governo Federal: "O Programa de Parcerias de Investimentos (PPI) foi criado pela Lei n. 13.334 de 2016 com a finalidade de ampliar e fortalecer a interação entre o Estado e a iniciativa privada por meio da celebração de contratos de parceria e de outras medidas de desestatização. Com a lei que instituiu o PPI, duas estruturas foram criadas na Administração Federal: o Conselho do PPI e a Secretaria do PPI. O Conselho é o órgão colegiado que avalia e recomenda ao Presidente da República os projetos que integrarão o PPI, decidindo, ainda, sobre temas relacionados à execução dos contratos de parcerias e desestatizações. A Secretaria, vinculada à Presidência da República, atua em apoio aos Ministérios e às Agências Reguladoras para a execução das atividades do Programa. Uma vez que os empreendimentos forem qualificados no Programa de Parcerias de Investimentos, eles serão tratados como prioridade nacional. Os órgãos e entidades envolvidos devem atuar para que os processos e atos necessários à estruturação, liberação e execução do projeto ocorram de forma eficiente e econômica" (PROGRAMA DE PARCERIA E INVESTIMENTOS. Sobre o programa. [2019]. Disponível em: https://www.ppi.gov.br/sobre-o-programa. Acesso em: 9 out. 2018). Celebrando a iniciativa de criação do PPI, a ABDIB afirmou: "O PPI criou uma instância intergovernamental que permitiu melhorar as conexões entre órgãos públicos intervenientes em projetos de concessão, melhorou o diálogo com o setor privado, deu mais previsibilidade na condução dos processos preparatórios e forneceu aos investidores uma perspectiva mais realista dos projetos públicos ofertados pelo governo federal. Tal iniciativa deve ser mantida e, preferencialmente, disseminada pelos estados e maiores municípios" (ABDIB. Op. cit., p. 25).

[126] ASSOCIAÇÃO BRASILEIRA DAS ENTIDADES DOS MERCADOS FINANCEIROS E DE CAPITAIS. Op. cit., p. 86.

ditos e garantias, como também através da assessoria na estruturação dos projetos e treinamento dos servidores públicos brasileiros.[127]
4. Maior treinamento dos servidores públicos envolvidos no planejamento e na estruturação dos projetos, com o apoio dos organismos multilaterais e do BNDES.
5. Maior dedicação de tempo e recursos às fases de análise, planejamento e estruturação dos projetos,[128] com vistas à obtenção de estudos de melhor qualidade, definição de matriz de riscos mais completa e distribuição mais eficiente dos riscos entre governos, agentes privados e agentes financeiros.[129]
6. Fortalecimento de mecanismos de cobertura de riscos não gerenciáveis, como o Fundo Garantidor de Infraestrutura (FGIE) no âmbito

---

[127] Os organismos multilaterais exercem um papel relevante no fomento do *project finance* nos países em desenvolvimento. Sua atuação se dá de distintas formas. Em alguns casos, cofinanciando projetos. Em outros, oferecendo garantias. E, ainda, emitindo apólices de seguro para a cobertura de riscos políticos. Nessa conjuntura, merece especial destaque a atuação do Banco Mundial e suas entidades afiliadas. Criado em 1944 para promover a reconstrução de uma Europa devastada pela guerra, hoje, o Banco Mundial tem por finalidade promover o progresso econômico e social dos países em desenvolvimento (STELWAGON, William M. *Op. cit.*, p. 65). Duas de suas afiliadas, IFC e Multilateral Investment Guarantee Agency (MIGA), são especialmente importantes no cumprimento desta política. A IFC foi constituída em 1956 para promover apoio direto ao setor privado nos países em desenvolvimento, sem a exigência de garantias financeiras por parte dos governos (BENOIT, Philippe. *Project finance at the World Bank*: an overview of policies and instruments. Washington, D. C.: The World Bank, 1996. p. 19. (World Bank Technical Paper, n. 312). A MIGA, por sua vez, foi constituída em 1988 com o propósito de estimular o fluxo de investimento estrangeiro aos países em desenvolvimento, principalmente através da emissão de seguros contra riscos políticos (BENOIT, Philippe. *Op. cit.*, p. 19).

[128] Na visão da ABDIB: "Não há estudos e projetos de boa qualidade disponíveis em quantidade suficiente para que o setor privado aporte investimentos no volume anual necessário. A ausência de planejamento adequado nas últimas décadas deixou a prateleira vazia. [...] É absolutamente fundamental restaurar a capacidade de planejamento de médio e longo prazo do Estado brasileiro para que seja possível definir os principais projetos estruturantes e os critérios de racionalidade que identifiquem claramente os benefícios do investimento para priorizar a execução". Nesse sentido, a ABDIB defende a participação privada na elaboração e entrega de análises e estudos que servem de base para a estruturação dos projetos, através do modelo denominado Procedimento de Manifestação de Interesse (PMI) (ASSOCIAÇÃO BRASILEIRA DAS ENTIDADES DOS MERCADOS FINANCEIROS E DE CAPITAIS. *Op. cit.*, p. 5 e 24).

[129] ASSOCIAÇÃO BRASILEIRA DA INFRAESTRUTURA E INDÚSTRIAS DE BASE. *Op. cit.*, p. 31.

federal, mediante a sua capitalização em montante compatível com o volume de investimentos previstos.[130]
7. Criação de marcos regulatórios claros e estáveis, que estimulem a participação do crédito privado.
8. Fortalecimento das agências reguladoras, incluindo a adoção de medidas que garantam a sua independência e evitem interferências políticas indevidas.[131]
9. Redução da burocracia e eliminação das barreiras regulatórias que impedem ou dificultam a participação de determinados *players* nos projetos, especialmente em licitações/concessões (fundos de investimento, empresas estrangeiras, etc.).
10. Otimização e aperfeiçoamento dos procedimentos de licenciamento ambiental, incluindo a eliminação de conflitos de competência entre os distintos órgãos.[132]

---

[130] ASSOCIAÇÃO BRASILEIRA DA INFRAESTRUTURA E INDÚSTRIAS DE BASE. *Op. cit.* p. 31.

[131] A este respeito, o FIAS faz as seguintes recomendações: *"Designing [...] an independent regulatory entity is not an easy task. First and foremost, the agency itself must be placed in an environment that allows it to function as an independent regulatory body. This implies that the agency and its management have a distinct legal mandate that is free from ministerial control. Regulators should be appointed for fixed terms, with restrictions on arbitrary removal; their terms should not coincide with election cycles. To avoid political interference through the budget allocation process, agency funding also should take place independent from budgetary allocations. Instead, the agency should receive its resources through earmarked levies in the regulated enterprises or the consumers."* (SADER, Frank. *Op. cit.*, p. 85).

[132] A este respeito, a ABDIB faz o seguinte alerta: "Há muitos agentes intervenientes ou interessados [na questão ambiental], como ministérios, autarquias, órgãos estaduais e municipais, Fundação Palmares, Iphan, Funai, Incra, ONGs, movimentos sociais, populações afetadas, órgãos de controle e Poder Judiciário. A abrangência e a complexidade dos estudos ambientais são crescentes, tanto quanto as demandas ambientais da sociedade, transformando o licenciamento ambiental em um balcão de negociação e em um processo bastante crítico. Por isso, especialistas, gestores públicos e agentes privados concordam que é fundamental reordenar os procedimentos de licenciamento ambiental, estabelecer critérios e conceitos, bem como prazos e responsabilidades em uma Lei Geral de Licenciamento Ambiental [nos moldes do PL 3.729/2004] para conferir segurança jurídica. [...] É fundamental, adicionalmente à revisão normativa, melhorar a qualidade de estudos, concentrar discussões sobre impactos socioambientais nas fases prévias do planejamento setorial e do licenciamento e também fortalecer a estrutura técnica e administrativa dos órgãos ambientais" (ASSOCIAÇÃO BRASILEIRA DAS ENTIDADES DOS MERCADOS FINANCEIROS E DE CAPITAIS. *Op. cit.*, p. 33-34).

11. Adoção, no direito brasileiro, do conceito de "silêncio administrativo positivo", segundo o qual, superado um prazo razoável sem a manifestação formal da Administração Pública no âmbito de um determinado procedimento administrativo, se entenda que a decisão foi favorável ao particular.[133]
12. Estabelecimento de um regime que limite a responsabilidade pessoal do servidor público a casos de abusos ou má-fé, de tal forma que os servidores não se sintam intimidados na tomada de decisões complexas, especialmente aquelas embasadas em estudos, processos formais e normas vigentes.
13. Combate implacável à corrupção, tanto no setor público como no privado.
14. Criação de varas judiciais especializadas em direito empresarial, a exemplo do que ocorreu com êxito nos Estados do Rio de Janeiro e São Paulo, e treinamento constante dos juízes sobre os distintos arranjos contratuais utilizados no financiamento de projetos.
15. Adoção de medidas adicionais, e fortalecimento das existentes, visando melhorar a eficiência do Judiciário e coibir o ativismo judicial.

---

[133] Posteriormente à conclusão da investigação que deu origem à presente obra, foi promulgada a denominada Lei de Liberdade Econômica (Lei n. 13.874/2019), que instituiu o "silêncio administrativo positivo" do direito brasileiro. Dispõe o seu art. 3º, IX que "[...] são direitos de toda pessoa, natural ou jurídica, essenciais para o desenvolvimento e o crescimento econômicos do País, observado o disposto no parágrafo único do art. 170 da Constituição Federal: [...] ter a garantia de que, nas solicitações de atos públicos de liberação da atividade econômica que se sujeitam ao disposto nesta Lei, apresentados todos os elementos necessários à instrução do processo, o particular será cientificado expressa e imediatamente do prazo máximo estipulado para a análise de seu pedido e de que, transcorrido o prazo fixado, o silêncio da autoridade competente importará aprovação tácita para todos os efeitos, ressalvadas as hipóteses expressamente vedadas em lei" (BRASIL. Lei n. 13.874, de 20 de setembro de 2019. Institui a Declaração de Direitos de Liberdade Econômica; estabelece garantias de livre mercado; altera as Leis ns. 10.406, de 10 de janeiro de 2002 (Código Civil), 6.404, de 15 de dezembro de 1976, 11.598, de 3 de dezembro de 2007, 12.682, de 9 de julho de 2012, 6.015, de 31 de dezembro de 1973, 10.522, de 19 de julho de 2002, 8.934, de 18 de novembro 1994, o Decreto-Lei n. 9.760, de 5 de setembro de 1946, e a Consolidação das Leis do Trabalho, aprovada pelo Decreto-Lei n. 5.452, de 1º de maio de 1943; revoga a Lei Delegada n. 4, de 26 de setembro de 1962, a Lei n. 11.887, de 24 de dezembro de 2008, e dispositivos do Decreto-Lei n. 73, de 21 de novembro de 1966; e dá outras providências. *Diário Oficial da União*, Poder Executivo, Brasília-DF: 20 set., 2019. Disponível em: http://www.planalto.gov.br/ccivil_03/_ato2019-2022/2019/lei/L13874.htm. Acesso em: 19 jan. 2020). A iniciativa deve ser celebrada, mas o texto da lei vem recebendo críticas e ainda é cedo para saber se produzirá os efeitos desejados.

Tudo isso, sem prejuízo da aprovação de reformas estruturais visando o equl3.9ilíbrio das contas públicas, o crescimento e a estabilidade econômica do país, a exemplo da recém aprovada reforma da previdência e da reforma tributária.

Como mencionado, a implementação de todas essas reformas e medidas – e muitas outras que a elas poderiam se somar com o mesmo objetivo – configuraria, em tese, o cenário mais propício para uma maior utilização do *project finance* no Brasil. É preciso ter cautela, porém, com as limitações que se impõem a uma abordagem desse tipo.

Em primeiro lugar, alcançar o consenso necessário à aprovação de reformas e medidas desta natureza é extremamente difícil, sobretudo considerando o custo social de algumas delas.[134] Por mais que haja (hipoteticamente) vontade política, o mais provável é que se aprovem algumas, mas não todas as medidas necessárias à solução do problema.

Em segundo, não há qualquer garantia de que são as reformas e medidas aqui propostas – e não outras – que, se implementadas, propiciarão a efetiva melhora do ambiente institucional e de negócios do Brasil, a ponto de fomentar o uso do *project finance* no país.

Por último, ainda que todas as reformas e medidas ideais sejam satisfatoriamente implementadas, nada garante que terão os mesmos efeitos no Brasil que os observados em países com realidades distintas. O resultado dependerá, em qualquer hipótese, das particularidades e idiossincrasias de cada país.

Essas limitações demandam a análise do problema sob uma perspectiva distinta, alinhada ao conceito de *second-best*.[135] Muito embora reformas e medidas amplas e estruturais continuem sendo, em tese, a solução ideal e definitiva – sendo válidos, portanto, todos os esforços no sentido de promovê-las de forma imediata e abrangente – cabe analisar, desde uma perspectiva prática e realista, outras alternativas disponíveis.

---

[134] William Stelwagon adverte: *"Host nations must [...] consider the social impact of adopting mechanisms designed to attract foreign investment. Economic, political and legal stabilization can require subordinating the rights of the host nation's citizens to those of the foreign developers. For example, the stabilization of exchange rates and inflation is often achieved by reducing wage increases and public spending. The host nation, therefore, may be forced to decrease government spending which supports programs designed to help its citizens, including education, health care, social assistance and poverty relief"* (STELWAGON, William. *Op. cit.*, p. 69-70).

[135] Para a clássica formulação da teoria do *second-best*, ver: LIPSEY, R. G.; KELVIN, L. The General Theory of Second Best. *The Review of Economic Studies*, v. 24, n. 1, p. 11-32, 1956.

4.2. *Second-Best*: Alternativas Enquanto O Pacto Não Vem

No artigo "Second-best institutions", Dani Rodrik faz o seguinte diagnóstico:[136]

> Reformas institucionais se tornaram lugar-comum para organismos bilaterais e multilaterais, da mesma maneira que o liberalismo, a privatização e a estabilização eram os mantras da década de 1980. Mas que espécie de instituições devem os reformadores aspirar a construir? [...] O tipo de reforma institucional promovida por organizações multilaterais [...] é altamente enviesada ao modelo de melhores práticas (*best-practice model*). Ela presume que é possível determinar previamente um conjunto único de arranjos institucionais apropriados, e considera a convergência a tais arranjos como inerentemente desejável. [...] Esta abordagem está fundamentada numa mentalidade *first-best*, a qual presume que a principal função dos arranjos institucionais é minimizar os custos da transação – sem atentar-se para potenciais interações com os demais elementos institucionais presentes no sistema. Defendo que para lidar com o cenário institucional em economias em desenvolvimento, faz-se necessária uma abordagem *second-best*.

De acordo com essa abordagem, o cerne da questão deixa de ser a busca de um cenário ideal e passa a ser a implementação de ações que contribuam à superação dos desafios, *apesar* do cenário existente. Uma visão mais prática e realista, portanto, que adote como premissa a já mencionada dificuldade de implementar proposições do tipo *first-best*.

Sob esse prisma, questiona-se: que medidas concretas podem ser tomadas pelos distintos agentes envolvidos no financiamento de projetos para

---

[136] Tradução livre do autor. No original: *"Governance reforms have become the buzzword for bilateral donors and multilaterals institutions, in much the same way that liberalization, privatization and stabilization were the mantras of the 1980s. But what kind of institutions should reformers strive to build? [...] The type of institutional reform promoted by multilateral organizations [...] is heavily biased toward a best-practice model. It presumes it is possible to determine a unique set of appropriate institutional arrangements ex ante, and views convergence toward those arrangements as inherently desirable. [...] This approach is grounded in a first-best mindset which presumes the primary role of institutional arrangements is to minimize transaction costs in the immediately relevant domain – without paying attention to potential interactions with institutional features elsewhere in the system. I shall argue that dealing with the institutional landscape in developing economies requires a second-best mindset"* (RODRIK, Dani. Second-best institutions. *American Economic Review*: Papers & Proceeding, v. 98, n. 2, p. 100-104, 2008. p. 100).

estimular o *project finance* no Brasil, ainda que o ambiente institucional e de negócios no país não seja plenamente favorável?

Duas proposições serão apresentadas a seguir, alinhadas à abordagem *second-best*: a primeira, voltada ao aprimoramento das condições de financiamento (*bankability*) de projetos individualmente considerados; a segunda, à adoção de práticas e arranjos contratuais destinados à mitigação de riscos dos projetos, tendo por inspiração a experiência de outros países.

4.2.1. Primeira proposição: atuação projeto por projeto, inspirada no "Caso Entrevias"

Como referido anteriormente, a adoção de medidas *ad hoc* no âmbito de projetos individualmente considerados não é a solução ideal desde uma perspectiva *first-best*, na medida em que não ataca o problema na raiz e deixa o projeto exposto às vulnerabilidades que somente podem ser equacionadas com reformas mais abrangentes.

Desde uma perspectiva *second-best*, porém, a atuação projeto por projeto faz sentido. Em primeiro lugar, porque pode ser a única alternativa disponível para viabilizar o financiamento de determinados projetos. Em segundo, porque projetos exitosos, embora não sejam capazes de resolver os problemas aqui tratados em todas as suas dimensões, podem servir de inspiração para a implementação de outros empreendimentos, gerando um círculo virtuoso de boas práticas.[137]

---

[137] Nesse sentido, é possível traçar um paralelo entre a proposição de atuação projeto por projeto, constante deste item, e o conceito de dualismo regulatório (*regulatory dualism*), abordado por Ronald J. Gilson, Henry Hansmann e Mariana Pargendler no artigo "Regulatory dualism as a development strategy: corporate reforms in Brazil, the United States and the European Union". Nele, os autores afirmam: *"Countries pursuing economic development confront a fundamental obstacle. Reforms that increase the size of the overall pie are blocked by powerful interests that are threatened by the growth-inducing changes. [...] Regulatory dualism seeks to mitigate political opposition to reforms by permitting the existing business elite to be governed by the old regime, while allowing other firms to be regulated by a new parallel regime that is more efficient. [...] A paradigmatic example of regulatory dualism is offered by Brazil's Novo Mercado, a voluntary premium segment within the São Paulo Stock Exchange that allows companies to commit credibly to significant protection of minority shareholders without imposing reform on companies controlled by the established elite. [...] If thoughtfully deployed, [...], regulatory dualism holds promise in overcoming political barriers to reform, not just on corporate governance and capital markets, but of other economic institutions as well"* (GILSON, Ronald J.; HANSMANN, Henry; PARGENDLER, Mariana. Regulatory dualism as a development strategy: corporate reform in Brazil, the United States, and the European Union. *Stanford Law Review*, v. 63, n. 2, p. 475-538, mar. 2011). Embora a atuação projeto por projeto não esteja

Com efeito, experiências recentes demonstram ser possível viabilizar o financiamento de projetos na modalidade *project finance non-recourse*, desde que o projeto apresente as qualidades necessárias e os agentes neles envolvidos, tanto públicos como privados, dediquem suficientes esforços em seu planejamento e sua estruturação.

É o caso da concessão do lote de Rodovias do Centro-Oeste Paulista, operadas pela Entrevias Concessionária de Rodovias S.A., que se analisa a seguir.

> ▶ **O Caso Entrevias**[138]

Em novembro de 2016, o governo do estado de São Paulo lançou, por intermédio da Artesp, edital de licitação tendo por objeto a concessão rodoviária do Lote Centro-Oeste Paulista (Florínea-Igarapava), pelo prazo de 30 anos.

O trecho objeto da concessão possui extensão de 570 km e cruza 30 municípios do estado de São Paulo. O projeto contempla R$ 3,9 bilhões em investimentos ao longo do prazo da concessão, incluindo a duplicação de um trecho de 200 km. Desse total, R$ 2,1 bilhões deverão ser investidos nos oito primeiros anos de vigência do contrato.

Trata-se de uma concessão comum, não havendo contraprestação pecuniária do poder público à concessionária. Por outro lado, os trechos rodoviários objeto da concessão já se encontravam em operação previamente à licitação (projeto *brownfield*),[139] gerando receitas tarifárias correspondentes a, aproximadamente, 2/3 das receitas totais estimadas do projeto.

---

voltada a modificações regulatórias, não deixa de ser, em certa medida, uma hipótese de "autorregulação", em que os agentes envolvidos nos projetos buscam alternativas eficientes para a superação dos entraves existentes, na ausência de reformas estruturais mais abrangentes.

[138] A descrição que se segue foi realizada com base nas entrevistas realizadas pelo autor com representantes da Agência de Transporte do Estado de São Paulo (Artesp) (Renata Dantas) e da Entrevias (Gilson Carvalho) – a quem o autor agradece especialmente –, bem como nas seguintes fontes: Memorando de autoria de Mário Engler para a disciplina "Estruturação de Operações Financeiras", da graduação de Direito da FGV; PINTO JUNIOR, Mario Engler. *Estruturação de operações financeiras*: financiamento da concessão do lote centro-oeste da malha rodoviária do Estado de São Paulo; SÃO PAULO (Estado). Lançamento do *Edital de Concessão Rodoviária do Lote Centro-Oeste Paulista*, nov. 2016; BANCO ABC. *Case study*: 1ª oferta pública de debêntures da Entrevias Concessionária de Rodovias, mar. 2018.

[139] Entende-se por projetos *brownfield* – em oposição a projetos *greenfield* – aqueles que a infraestrutura já está total ou parcialmente construída, limitando-se o seu objeto, assim, à

Consciente de que o projeto se lançava em um momento de extrema instabilidade política e econômica do país – vale lembrar que, naquele momento, Dilma Rousseff havia sido recentemente afastada da presidência e o Brasil enfrentava uma das piores recessões de sua história[140] – a Artesp adotou uma série de medidas com o intuito de atrair licitantes de variados perfis,[141] bem como facilitar o posterior financiamento do projeto. Para tanto, fazia-se necessário, na visão da agência, oferecer "credibilidade, retorno compatível com os riscos do projeto e segurança jurídica".[142]

---

ampliação, melhoria e/ou manutenção da infraestrutura já existente. Desse modo, os projetos *brownfield* apresentam risco de construção reduzidos se comparados aos *greenfield*, além do que, dependendo do caso, podem assegurar, desde o início, certo nível de receitas à sociedade que o promove. É o caso da Entrevias que assumiu, por meio da concessão, trechos rodoviários já construídos e gerando receitas tarifárias.

[140] Entre abril de 2014 e dezembro de 2016 foram 11 trimestres de quedas praticamente contínuas do PIB, na mais longa recessão no Brasil desde 1992 (CASTRO, José Roberto. Qual foi a gravidade da recessão no Brasil e qual a força de recuperação. *Nexo*, 6 fev. 2018. Disponível em: https://www.nexojornal.com.br/expresso/2018/02/06/Qual-foi-a-gravidade-da-recess%C3%A3o-no-Brasil-e-qual-a-for%C3%A7a-da-recupera%C3%A7%C3%A3o. Acesso em: 2 nov. 2018).

[141] Tradicionalmente, as licitações de concessões rodoviárias no Brasil eram vencidas por grandes construtoras brasileiras. A crise e os escândalos de corrupção recentes fizeram com que muitas destas construtoras encontrassem dificuldades para participar de novos projetos. Percebeu-se, assim, a necessidade de romper as barreiras que impediam ou dificultavam a participação de licitantes de outros perfis. Um exemplo clássico de barreiras desse tipo é a exigência de comprovação de acervo técnico pelos licitantes, constantes de muitos editais de licitação. Como regra geral, o acervo técnico se demonstra através de Certidões de Acervo Técnico emitidas pelo Conselho Regional de Engenharia e Agronomia (CREA). Ocorre que, de acordo com as normas do CREA, as pessoas jurídicas não possuem acervo técnico, sendo a sua capacidade técnico-profissional "[...] representada pelo conjunto dos acervos técnicos dos profissionais integrantes de seu quadro técnico" (Art. 48 da Resolução nº 1025/09 (CONSELHO FEDERAL DE ENGENHARIA, ARQUITETURA E AGRONOMIA. Resolução n. 1.025, de 30 de outubro de 2009. Dispõe sobre a Anotação de Responsabilidade Técnica e o Acervo Técnico Profissional, e dá outras providências. *Diário Oficial da União*, Poder Executivo, Brasília-DF: 31 dez. 2009. Disponível em: http://normativos.confea.org.br/downloads/1025-09.pdf. Acesso em: 2 mar. 2019.). Nesse sentido, a exigência de comprovação de acervo técnico segundo as normas do CREA dificulta a participação de interessados que não possuam engenheiros habilitados no CREA em seus quadros, como ocorre com a maioria das empresas estrangeiras e veículos de perfil financeiro, como fundos de investimento. No caso da Concessão Rodoviária do Lote Centro-Oeste Paulista, as regras de comprovação da qualificação técnica foram flexibilizadas, no sentido de permitir a utilização de atestados de profissionais e/ou empresas a serem subcontratados pela adjudicatária (Edital, Anexo VI).

[142] SÃO PAULO. *Op. cit.*, 2016.

Nesse contexto, a Artesp contou com a assessoria da IFC na modelagem da concessão, além de uma série de especialistas de primeira linha para a realização de estudos, projeções e recomendações com base em padrões internacionais.[143]

Toda a documentação do projeto – incluindo estudos de engenharia, socioambientais e de tráfego, além da modelagem econômico-financeira – foi disponibilizada em *data room* virtual, em português e inglês. Foi ampliado para 110 dias o prazo para apresentação de propostas, atendendo à demanda de licitantes estrangeiros.

Com o apoio da IFC, o mercado foi sondado em relação aos assuntos mais sensíveis (*market sounding*), medida que contribuiu para aprimorar a alocação dos riscos, eliminar as principais barreiras à entrada de novos licitantes e melhorar as condições de financiamento (*bankability*) do projeto.

Como resultado de todas essas medidas, o contrato de concessão incorporou importantes aprimoramentos e inovações em relação aos modelos até então adotados no Brasil, especialmente destinados a fortalecer a posição jurídica dos agentes financeiros do projeto.[144] Destacam-se:

(a) a possibilidade de celebração de acordo tripartite, mecanismo amplamente utilizado na prática internacional, que disciplina o relacionamento direto dos agentes financeiros do projeto com o poder concedente, com vistas a (i) permitir a troca de informações sobre o desempenho da concessionária, (ii) prever período de cura para os agentes financeiros efetuarem o pagamento de obrigações pecuniárias de responsabilidade da concessionária (*cure rights*), e (iii) operacionalizar a administração temporária ou a assunção do controle acionário da concessionária pelos agentes financeiros, para

---

[143] Incluindo *due diligence* de projeções de tráfego pela Steer Davies Gleave; validação de estudos de engenharia existentes, bem como verificação de inovações operacionais, pela Logit e Tecnic; recomendações jurídicas para aumentar a "financiabilidade" internacional, por Allen Overy; auditoria de modelo financeiro e recomendações de viabilidade financeira pela IFC; e recomendações ambientais e sociais com base em padrões internacionais, pela JGP (SÃO PAULO. *Op. cit.*, 2016).

[144] AGÊNCIA DE TRANSPORTE DO ESTADO DE SÃO PAULO. *Contrato de concessão n. 0352/2017.* São Paulo, 2017. Disponível em: http://www.google.com.br/url?sa=t&rct=j&q=&esrc=s&source=web&cd=1&ved=2ahUKEwj-ysCtnLbeAhVMIpAKHe9JD34QFjAAegQICRAC&url=http%3A%2F%2Fwww.parcerias.sp.gov.br%2FParcerias%2FDocumento%2FDownload%3Fcodigo%3D26369&usg=AOvVaw1FSQioJnlulwDAnwPsUrda. Acesso em: 2 nov. 2018.

promover a sua reestruturação e assegurar a continuidade da prestação dos serviços (*step-in rights*);[145]

(b) a responsabilidade solidária dos antigos acionistas da concessionária pela parcela faltante da integralização do capital social, na hipótese de assunção do controle societário da concessionária pelos agentes financeiros;[146]

(c) a adesão voluntária ao Contrato de Administração de Contas, que regula as movimentações dos recursos depositados na conta centralizadora de receitas tarifárias;[147]

(d) a obrigação da concessionária de desenvolver, instalar e manter sistema digital específico para gerenciamento de informações, relacionados aos procedimentos, autuações e processos administrativos que venham a ser instaurados pela Artesp, com amplo acesso aos agentes financeiros;[148]

(e) a expressa autorização à constituição de garantias aos agentes financeiros lastreadas nos direitos creditórios da concessão, nos termos permitidos pela legislação;[149]

(f) a possibilidade de pagamento direto aos agentes financeiros de indenizações e compensações devidas pelo poder concedente à concessionária;[150]

(g) a atribuição ao novo concessionário que assumir a concessão em substituição à concessionária original, do dever de pagar a indenização por caducidade diretamente aos agentes financeiros;[151] e,

---

[145] Cláusulas 27.4, 33.1, 33.2, 34.1, 34.2 e Anexo VIII do Contrato de Concessão (AGÊNCIA DE TRANSPORTE DO ESTADO DE SÃO PAULO. *Op. cit.*).

[146] Cláusula 26.3.5 do Contrato de Concessão (AGÊNCIA DE TRANSPORTE DO ESTADO DE SÃO PAULO. *Op. cit.*, p. 70).

[147] Cláusula 33.4 do Contrato de Concessão (AGÊNCIA DE TRANSPORTE DO ESTADO DE SÃO PAULO. *Op. cit.*, p. 85).

[148] Cláusula 33.3 do Contrato de Concessão (AGÊNCIA DE TRANSPORTE DO ESTADO DE SÃO PAULO. *Op. cit.*, p. 84).

[149] Cláusula 33.6 do Contrato de Concessão (AGÊNCIA DE TRANSPORTE DO ESTADO DE SÃO PAULO. *Op. cit.*, p. 86).

[150] Cláusula 33.7 do Contrato de Concessão (AGÊNCIA DE TRANSPORTE DO ESTADO DE SÃO PAULO. *Op. cit.*, p. 87).

[151] Cláusula 45.5 do Contrato de Concessão (AGÊNCIA DE TRANSPORTE DO ESTADO DE SÃO PAULO. *Op. cit.*, p. 111).

(h) a possibilidade de ativação, pela concessionária, de mecanismo de proteção cambial destinado ao compartilhamento de risco cambial em instrumento de financiamento em moeda estrangeira, até o montante máximo de principal de 300 milhões de dólares norte-americanos.[152]

Todo esse esforço deu resultado. A licitação foi vencida pelo fundo Pátria Infraestrutura III – Fundo de Investimento em Participações, que ofertou o valor de R$ 917,2 milhões a título de primeira parcela de outorga fixa, configurando ágio de 130,89% sobre o lance mínimo. Foi a primeira vez que um fundo de investimento venceu uma licitação rodoviária no país,[153] tendo sido alcançado com êxito, portanto, o objetivo de atrair licitantes de perfil distinto dos tradicionais.

Para operar a concessão, o Pátria constitui a sociedade de propósito específico Entrevias Concessionária de Rodovias S.A. O desafio seguinte era obter financiamento para o pagamento da primeira parcela da outorga e a realização dos investimentos, grande parte deles concentrados nos primeiros anos da concessão.

O objetivo era levantar R$ 1 bilhão. O Pátria já dispunha de capital próprio na ordem de R$ 1,2 bilhão, garantindo assim indicadores de alavancagem conservadores para o projeto.

Inicialmente, o Pátria recorreu ao BNDES, mas esbarrou na exigência de garantias pessoais – fiança corporativa ou bancária – para a fase de investimentos. De um lado, a prestação de fiança corporativa não era uma alternativa válida para o Pátria, considerando a sua natureza de fundo de investimento;[154] de outro, os custos de obtenção de fiança bancária para um

---

[152] Anexo XXII do Contrato de Concessão (AGÊNCIA DE TRANSPORTE DO ESTADO DE SÃO PAULO. Op. cit.).

[153] SÃO PAULO (Estado). Obras na rodovia Centro Oeste Paulista começam em um mês. SP Notícias, 6 jun. 2017. Disponível em: http://www.saopaulo.sp.gov.br/spnoticias/ultimas-noticias/obras-nas-rodovias-centro-oeste-paulista-comecam-em-um-mes/. Acesso em: 2 nov. 2018.

[154] Embora a assembleia geral de quotistas possa, em tese, autorizar a prestação de garantias pelo fundo, desde que previsto no regulamento do fundo (Arts. 9, XXV e 24, XI, da Instrução CVM n. 578/2016), essa não era uma opção válida para o Pátria que, desde o início, estruturou a operação sob a premissa de que o fundo não prestaria garantias pessoais no âmbito do financiamento do projeto (COMISSÃO DE VALORES MOBILIÁRIOS. Instrução CVM 578, de 30 de agosto de 2016, com as alterações introduzidas pelas instruções CVM 589/17

financiamento de tal magnitude eram muito elevados. Esses fatores, aliados a condições favoráveis de mercado (juros reduzidos e ampla liquidez nos mercados local e internacional), fizeram com que o Pátria optasse por captar recursos de longo prazo através da emissão de debêntures incentivadas, via Instrução CVM n. 476/2009.[155]

A emissão foi anunciada com precificação entre o Índice Nacional de Preço ao Consumidor (IPCA) + 7,75% a.a. e IPCA + 8,25% a.a., para o volume de R$ 1 bilhão. O *bookbuilding* foi realizado em 5 de março de 2018, tendo a emissão recebido ordens de 37 investidores, totalizando R$ 1,9 bilhão (1,9 x o valor da emissão). Dado o excesso de demanda, foi possível precificar a emissão na taxa mínima. O Quadro 1 apresenta as principais características da 1ª emissão de debêntures da Entrevias.

Quadro 1 – Principais características da 1ª emissão de debêntures da Entrevias

Emissora	Entrevias Concessionária de Rodovias S.A. (cia. aberta categoria B)
Instrumento	Debêntures simples, com enquadramento no Art. 2º da Lei 12.431
Ambiente da oferta	Instrução CVM n. 476
Data de emissão	15 de fevereiro de 2018
Volume da oferta	R$ 1 bilhão
Prazo	12 anos e 10 meses (vencimento em dez./2030)
Duration	7,1 anos
Pagamento de principal	Pagamentos anuais customizados
Paramento de juros	Pagamentos anuais
Remuneração teto	IPCA + 8,25% ao ano
Remuneração final	IPCA + 7,75% ao ano
Rating da emissão	AA (bra) pela Fitch Ratings

Fonte: Banco ABC.[156]

e 604/18. Dispõe sobre a constituição, o funcionamento e a administração dos Fundos de Investimento em Participações. Disponível em: http://www.cvm.gov.br/legislacao/instrucoes/inst578.html. Acesso em: 3 mar. 2019).

[155] Norma que regula as ofertas públicas de valores mobiliários distribuídas com esforços restritos e a negociação desses valores mobiliários nos mercados regulamentados.

[156] BANCO ABC. *Op. cit.*

Importante destacar que a emissão não contou com qualquer garantia pessoal, representando um caso raro no Brasil de *project finance* puro (*non-recourse*). É certo que algumas características específicas do caso, não replicáveis facilmente a outros projetos, contribuíram para o êxito da captação nestes termos, entre elas: (i) a natureza *brownfield* do projeto, estando grande parte das receitas tarifárias asseguradas por obras realizadas previamente à licitação; e (ii) os indicadores de alavancagem do projeto, muito conservadores em função dos altos níveis de capital próprio aportados pelo Pátria.

Entretanto, nada disso tira o mérito da operação. O financiamento sem recursos aos patrocinadores foi possível porque o projeto foi cuidadosamente planejado e estruturado, reunindo características que o dotava da solidez e credibilidade necessárias.[157]

Questionados sobre os principais motivos que possibilitaram o êxito da operação – tanto no que se refere ao resultado da licitação, como à colocação das debêntures – representantes da Artesp, da Entrevias e do mercado indicaram:

(a) a maturidade da Artesp na estruturação de concessões rodoviárias, aliada à sua iniciativa de contar com o apoio de especialistas internacionais visando o aprimoramento do modelo da concessão;

(b) o papel da IFC, tanto na modelagem do projeto como, especialmente, nas sondagens de mercado, proporcionando um diálogo transparente entre o poder concedente e os agentes privados;

(c) a validação dos estudos do projeto – incluindo as projeções de tráfego, especialmente sensíveis em concessões rodoviárias – por especialistas com projeção internacional;

(d) os aprimoramentos e inovações introduzidos nos documentos da concessão;[158]

---

[157] Vale registrar que a Entrevias ganhou o prêmio de Melhor Financiamento de Rodovias da América Latina, concedido pela revista norte-americana *LatinFinance* (ENTREVIAS Concessionária de Rodovias S.A Entrevias ganha prêmio internacional de "Melhor Financiamento de Rodovias da América Latina". 16 out. 2018. Disponível em: http://www.entrevias.com.br/2018/10/16/entrevias-ganha-premio-internacional-de-melhor-financiamento-de-rodovias-da-america-latina/. Acesso em: 10 dez. 2018).

[158] Apesar de reconhecer tais avanços, vale registrar que o Pátria acabou optando por não assinar o acordo tripartite nem ativar o mecanismo de proteção cambial previstos no edital e no contrato de concessão.

(e) a clareza na alocação dos riscos do projeto entre a concessionária e o poder concedente;
(f) a credibilidade e a experiência do Pátria na estruturação de projetos de infraestrutura;
(g) a qualidade e a solidez do projeto, que conta com boa parcela das receitas tarifárias assegurada e baixo nível de alavancagem; e
(h) a customização do calendário de amortização das debêntures, com a previsão de menores pagamentos nos anos iniciais da concessão, nos quais estão concentrados a maior parte dos investimentos.

Enfim, a captação realizada pela Entrevias é a prova de que projetos sólidos e bem estruturados podem ser financiados sem garantia pessoal dos patrocinadores, apesar de todos os entraves existentes no Brasil.

Obviamente, nem todos os projetos são idôneos para a obtenção de financiamentos nestas condições. Há muitos, contudo, que poderiam sê-lo, mas não contam com suficientes esforços de planejamento e estruturação que os dotem de maior solidez e credibilidade, abrindo a possibilidade de financiamento sem recursos aos patrocinadores.

É evidente que o caso Entrevias não resolve todos os problemas que impedem a efetiva adoção do *project finance* no Brasil. Mas, ao romper com a mentalidade e as atitudes que pautaram a prática brasileira até o presente momento, representa uma quebra de paradigma que serve de inspiração para outros projetos que virão.

4.2.2. Segunda proposição: mitigação dos riscos de construção

A segunda proposição parte da constatação de que os principais riscos a serem equacionados para viabilizar um maior uso do *project finance* no Brasil são os riscos relativos à fase de construção.

Isso porque, como visto, os arranjos contratuais habitualmente utilizados no Brasil – em especial, os EPCs e os seguros-garantia – não se mostram suficientes para mitigar os riscos de construção a ponto de os agentes financeiros aceitarem financiar os projetos sem recurso aos patrocinadores.

Disso deriva a necessidade de desenvolvimento de novas abordagens e arranjos contratuais que mitiguem os riscos de construção e viabilizem a concessão de financiamentos sem a exigência de garantias pessoais durante a fase pré-operacional do projeto. Com tal objetivo, algumas proposições serão apresentadas a seguir, tendo por base a prática do *project finance* em três países: Espanha, Peru e Colômbia.

Importante ressaltar, desde já, que as experiências internacionais descritas a seguir não são soluções à medida para o caso brasileiro, nem se aplicam a todo e qualquer tipo de projeto. São apenas exemplos de boas práticas de outros países que, adaptadas à realidade local, podem servir de inspiração ao Brasil para a superação dos seus desafios.[159]

4.2.2.1. Espanha: maior envolvimento dos agentes financeiros no projeto

Na Espanha, de acordo com a experiência do autor, o risco de construção é mitigado através de um amplo e efetivo envolvimento dos agentes financeiros no projeto objeto do financiamento.

Em primeiro lugar, todas as operações de *project finance* que o autor participou na Espanha foram precedidas de uma auditoria (*due diligence*) exaustiva do projeto e dos contratos a ele associados, envolvendo a participação de assessores de distintas especialidades.

Com isso, os agentes financeiros conseguem validar previamente as estimativas de receitas e despesas do projeto, além de identificar os riscos que podem, de alguma forma, prejudicar o seu desenvolvimento.

Além disso, uma vez concedido o financiamento, os agentes financeiros atuantes na Espanha mantêm, como regra geral, um controle estrito sobre o andamento das obras, contando com o apoio, também neste âmbito, de assessores técnicos especializados. Essa prática permite aos agentes financeiros controlar – e em alguns casos, inclusive, antecipar-se – às vicissitudes do projeto que possam comprometer o seu fluxo de caixa.

Como forma de exercer tal controle, os desembolsos do financiamento somente são autorizados após verificação *in loco* do andamento da obra, por parte do assessor técnico dos agentes financeiros. Com essa finalidade,

---

[159] No caso da Espanha, o relato que se fará a seguir deriva da experiência profissional do próprio autor. Vale registrar que, de 2006 a 2010, o autor atuou no escritório de advocacia espanhol Garrigues, em Madri, onde teve a oportunidade de participar ativamente de algumas das mais importantes operações de *project finance* do mercado espanhol ocorridas no período. Com relação aos casos do Peru e da Colômbia, o autor se valeu da experiência de outros profissionais que foram entrevistados no âmbito da investigação que deu origem à presente obra. Peru e Colômbia foram escolhidos por serem países com realidades relativamente similares à do Brasil que, reconhecidamente, apresentaram avanços significativos na estruturação e no financiamento de projetos de infraestrutura nos últimos anos.

estabelece-se, no contrato de financiamento, tal verificação como condição para a realização de cada novo desembolso.

Na prática, a obra começa sem desembolso por parte dos agentes financeiros. Concluída a primeira parcela (*milestone*) da obra, nos termos do EPC, o construtor emite a primeira nota fiscal, que dará lugar ao primeiro desembolso do financiamento. O desembolso somente será efetivado, entretanto, após visita do assessor técnico dos agentes financeiros à obra, para comprovação *in loco* da sua evolução. E assim sucessivamente, para cada nota fiscal a ser emitida e cada desembolso a ser realizado pelos agentes financeiros, até o *completion*.[160]

Trata-se de um mecanismo contratual que mitiga os riscos de construção, já que dessa forma os agentes financeiros têm a segurança de que os desembolsos do financiamento somente são realizados na medida em que a obra avança, e na exata proporção do seu avanço. Se ocorre algum problema na obra que impeça o seu regular prosseguimento, os assessores técnicos informarão os agentes financeiros, que deixarão de realizar novos desembolsos até a resolução do problema.

Além disso, é comum, na Espanha, a celebração de acordos diretos (*direct agreements*) entre os agentes financeiros e o construtor do projeto (contraparte da SPE no EPC). Tais acordos, como já referido,[161] permitem um maior controle dos riscos de construção por parte dos agentes financeiros, ao estabelecerem, entre outras previsões típicas, a necessidade de o construtor comunicar aos agentes financeiros qualquer interrupção ou deficiência na execução das obras, bem como a ocorrência de qualquer causa de resolução do EPC, facultando aos agentes financeiros a possibilidade de sanar o descumprimento da SPE, se for o caso, dentro de determinado prazo.

---

[160] Esse mecanismo não é próprio da Espanha, estando alinhado às melhores práticas internacionais do *project finance*. Conforme descreve Jeffrey Delmon: "*During the first stage, the construction stage, the lenders provide financing progressively as the project is designed, built and commissioned. The drawdowns of the debt will be tied to payment events or milestones, dividing this process into identifiable stages in order to provide incentives to complete in a timely fashion and so that the lenders can verify the completion of each stage before releasing more funds. These payment events or milestones will be structured to require a few large drawdowns, so as to avoid the cost of administration of more numerous advances. An independent expert will often be used to verify the satisfaction of payment conditions for drawdowns*" (DELMON, Jeffrey. Introduction to project finance. *In*: DELMON, Jeffrey. *Private sector investment in infrastructure*: project finance, PPP projects and risk. 2. ed. Chicago: The World Bank and Kluwer Law International, 2008b).

[161] Ver item 2.3.2.1.

No Brasil, os agentes financeiros não se envolvem nos projetos com a mesma intensidade que se verifica na Espanha. A razão, como já visto, é óbvia: dado que, em regra, os agentes financeiros contam com garantias pessoais durante a fase de construção, faltam-lhes incentivos para analisar e acompanhar exaustivamente o projeto.

Nesse sentido, uma primeira recomendação passa pelo efetivo envolvimento dos agentes financeiros nos projetos, com o apoio de assessores técnicos especializados, rompendo-se a lógica de exigência de garantias pessoais dos patrocinadores com independência dos riscos e das características de cada projeto a ser financiado.

É certo que a mudança de paradigma aqui sugerida não será suficiente para destravar a utilização do *project finance* no Brasil. Afinal, se não se verificarem as demais condições para que os agentes financeiros estejam dispostos a conceder financiamentos sem recurso aos patrocinadores, de nada adiantará um maior envolvimento dos financiadores nos projetos.

Trata-se, contudo, de condição necessária à superação do aludido desafio. Enquanto os agentes financeiros continuarem exigindo garantias pessoais dos patrocinadores, de forma automatizada e inadvertida como ocorre muitas vezes na prática brasileira, não haverá incentivos para que se envolvam na análise e no acompanhamento dos projetos. E, sem tal envolvimento, não há que se falar em financiamento na modalidade *project finance*.

4.2.2.2. Peru: securitização de recebíveis como forma de eliminação do risco de construção[162]

O Peru tornou-se referência em operações de *project finance* na América Latina na década de 2000, em razão da criação de um arranjo contratual

---

[162] O autor agradece especialmente a Oscar Arrús (Garrigues Peru) pelas valiosas contribuições acerca da experiência peruana. A descrição do caso peruano que se segue contou, ainda, com as seguintes fontes: BREIJER, Marieke. Redefining project finance. *Latin Lawyer*, v. 11, n. 6, 2012; ESTRUCTURAS de financiamento com CRPAOs, RPICAOs y CR-RPIs. *Conceptos claves*. Lima-Peru, set. 2011; GLOBAL REPORT. Peruvian infrastructure lays the Foundation for More ABS. *Asset Securitization Report*, v. 10, n. 9, p. 26-28, 2010; BACCHIOCCHI, Gianluca G. Peru's project bond recipe. *Latin America Finance Update*, 27 set. 2011; ALBARRACIN, Carlos; CÁCERES, Augusto. New debt instrument helps infrastructure financings in Peru. *Lexology*, maio 2012; PROJECT FINANCE INTERNATIONAL. *Peru and the project bond Revolution*. v. 552, maio 2015. Disponível em: https://www.bakermckenzie.com/-/media/files/insight/publications/2015/05/peru-and-the-project-bond-revolution/files/read-publication/fileattachment/ar_la_peruprojectbond_may15.pdf. Acesso em: 21 fev. 2019.

inovador destinado, especialmente, à mitigação dos riscos de construção em PPPs, isto é, concessões que pressupõem algum tipo de contraprestação pecuniária do poder público ao parceiro privado.

O processo começou com a criação dos Certificados de Reconocimiento de Derechos del Pago Anual por Obras (CRPAOs), certificados emitidos pelo governo peruano no âmbito de contratos de concessão, representativos de obrigações de pagamento incondicionais e irrevogáveis a favor da concessionária, e livremente transferíveis a terceiros.

Para cada parcela de obra (*milestone*) concluída, uma série de CRPAOs é emitida, representando pagamentos a serem realizados pelo governo à concessionária ao longo de 15 a 20 anos, de forma independente do próprio contrato de concessão. Vale dizer, o direito de crédito da concessionária, emergente dos CRPAOs, permanece intacto mesmo havendo qualquer intercorrência na concessão.

Essas características dos CRPAOs, aliadas ao bom *rating* de crédito do governo peruano – que se tornou *investment grade* exatamente na época em que o regime foi lançado –, rapidamente viabilizaram a utilização do mercado de capitais como fonte de financiamento de PPPs no Peru.

De maneira muito simplificada, funciona do seguinte modo: a concessionária, geralmente por meio de uma sociedade securitizadora,[163] transfere os CRPAOs a investidores interessados em adquirir dívida de longo prazo do governo peruano, utilizando o produto da colocação dos títulos para financiar as parcelas remanescentes das obras.

Após os CRPAOs, vieram os RPICAOs (Remuneración por Inversiones según Certificado de Avance de Obra).[164] A principal diferença é que, ao invés de representar uma obrigação de pagamento direta do governo

---

[163] De acordo com a estrutura típica utilizada no Peru, a concessionária cede os CRPAOs a uma SPE que, atuando como securitizadora, emite *project bonds* no mercado com lastro nos direitos de crédito emergentes dos CRPAOs. A SPE utiliza os recursos oriundos da colocação dos *project bonds* para pagar à concessionária pela cessão dos CRPAOs; e a concessionária, por sua vez, utiliza tais recursos para financiar as obras remanescentes do projeto. Nos vencimentos dos CRPAOs, o governo paga o valor dos direitos de crédito deles emergentes à securitizadora, que utiliza tais recursos para o pagamento do principal e dos juros dos *project bonds*.

[164] Os CRPAOs deixaram de ser emitidos pelo Peru em razão de um questionamento do Fundo Monetário Internacional (FMI) relacionado à sua contabilização. No início, o governo peruano apenas reconhecia a dívida derivada dos CRPAOs na medida em que as respectivas obrigações de pagamento venciam; ao passo que o FMI entendia que, ao se tratar de uma obrigação de pagamento direta assumida pelo governo, todo o montante dos CRPAOs deveria

peruano, os pagamentos dos RPICAOs estão lastreados em recursos que são transmitidos a um *trust* para o financiamento de vários projetos predeterminados. Nestes casos, a obrigação de pagamento do governo peruano apenas emerge, de forma contingente, na hipótese de insuficiência de recursos do *trust* para a satisfação da dívida.

A título exemplificativo, uma série de projetos do setor de água e saneamento foram financiados no Peru com lastro em taxas recolhidas dos usuários residenciais e posteriormente transferidas a um *trust*,[165] atuando o governo peruano como garantidor dos pagamentos devidos às concessionárias.

Apesar das diferenças, CRPAOs e RPICAOs coincidem no essencial: representam obrigações de pagamento incondicionais e irrevogáveis, transmissíveis a terceiros, que são reconhecidas à concessionária na medida em que a obra avança. Como a concessionária tem garantido o recebimento do preço correspondente às parcelas da obra satisfatoriamente concluídas – seja com lastro em obrigações diretas de pagamento do governo (CRPAOs), seja em fundos previamente transferidos a um *trust* (RPICAOs) –, tais mecanismos permitem o financiamento do projeto via mercado de capitais, sem a incidência dos riscos de construção para os agentes financeiros (neste caso, investidores).

A exitosa experiência peruana nos oferece, assim, inspiração para uma segunda proposição: a criação de mecanismos, no âmbito de contratos de concessão na modalidade PPP, que permitam o reconhecimento de direitos de crédito incondicionais e irrevogáveis em favor da concessionária, transmissíveis a terceiros, emergentes da conclusão satisfatória de cada parcela (*milestone*) da obra.

O reconhecimento de tais direitos, consubstanciados em títulos de crédito, tem por finalidade viabilizar o financiamento do projeto via mercado de capitais, mediante a transmissão dos títulos a investidores interessados em adquirir dívida pública de longo prazo ou lastreada em fluxos financeiros predeterminados.

Desse modo, elimina-se o risco de construção para os agentes financeiros do projeto, na medida em que o direito de crédito da concessionária

---

ser reconhecido como dívida soberana no momento da emissão dos certificados, com o consequente impacto nas contas públicas do país.

[165] Entre eles, os projetos Huascacocha e Taboada. Para maiores informações a respeito, ver: PROJECT FINANCE INTERNATIONAL. *Op. cit.*

a eles transferido, representado por uma obrigação de pagamento direta ou contingente por parte do poder concedente, é autônomo e independe de eventuais intercorrências havidas na concessão.[166]

4.2.2.3. Colômbia: atuação dos bancos de fomento como garantidores de riscos específicos do projeto[167]

A Colômbia é outro país latino-americano cuja experiência recente pode contribuir para o aperfeiçoamento da prática do *project finance* no Brasil. Em especial, as características e as funções que vem sendo desempenhadas pela Financiera de Desarrollo Nacional (FDN) – banco de desenvolvimento colombiano – são interessante fonte de inspiração para a redefinição do papel do BNDES que tanto se discute no Brasil atualmente.

A FDN foi criada pelo governo colombiano em 2011, com o objetivo de fortalecer a infraestrutura do país, tendo efetivamente iniciado suas operações em 2013. Trata-se de uma instituição financeira especializada na estruturação e no financiamento de projetos de infraestrutura.

Apesar de prestar financiamento direto a determinados projetos, sua principal missão consiste em identificar "vazios de mercado" para, a partir daí, desenhar mecanismos que permitam superá-los e, dessa maneira,

---

[166] É preciso ter em conta que, para que uma operação deste tipo funcione do Brasil, faz-se necessário estruturar garantias que assegurem o adimplemento por parte do poder público no âmbito da PPP. Como adverte José Virgílio Lopes Enei: "Nas PPPs, a principal e por vezes única fonte de receitas do concessionário é justamente a contraprestação pública, de modo que o inadimplemento estatal constitui o principal risco dessa modalidade de contratação. [...] É por isso que, conhecendo-se o histórico de inadimplemento contumaz da Administração Pública brasileira e as sérias limitações do nosso sistema de precatórios, as PPPs no Brasil nunca foram, desde sua origem, concebidas sem garantias formais capazes de reduzir a percepção de risco de inadimplemento aos olhos do investidor privado" (ENEI, José Virgílio Lopes. *Garantias de adimplemento da administração pública ao contratado nas parcerias*. Rio de Janeiro: Almedina, 2018b. p. 37).

[167] O autor agradece especialmente a Francisco Noguera (Garrigues Colômbia) pelas valiosas contribuições acerca da experiência colombiana. A descrição do caso colombiano que se segue contou, ainda, com as seguintes fontes: FINANCIERA DE DESARROLHO NACIONAL. Productos y servicios, 2018. Disponível em: https://www.fdn.com.co/es/productos-y-servicios. Acesso em: 20 nov. 2018; DEL VALLE, Clemente. La experiencia de Colombia en el desarrollo de infraestructura a través de APP: Programa 4G. *FDN. Financiera de Desarrolho Nacional*, 2018. Disponível em: https://docplayer.es/53871789-La-experiencia-de-colombia-en-el-desarrollo-de-infraestructura-a-traves-de-app-programa-4g-clemente-del-valle.html. Acesso em: 10 mar. 2019.

viabilizar a participação de diferentes fontes de financiamento nos projetos de infraestrutura.

A FDN se apresenta, assim, como uma aliada – e não uma competidora –das demais fontes de financiamento. Conforme consta em seu sítio eletrônico,[168]

> [...] o impulso que a FDN procura dar ao financiamento da infraestrutura está enfocado em dois elementos: por um lado, em mobilizar todos os atores-chave para se alcançar um financiamento integral, gerando confiança no mercado colombiano; e, por outro lado, na participação direta mediante produtos inovadores que respondem às necessidades dos projetos e permitem melhorar seu perfil creditício e administrar adequadamente os riscos inerentes aos mesmos.

O governo colombiano não é o único acionista da FDN. Pelo contrário, desde a sua concepção, o governo assumiu o compromisso de buscar a participação de outros atores que permitissem à entidade não somente ter uma maior capacidade financeira, como também uma maior capacidade técnica para oferecer soluções inovadoras na estruturação dos projetos.

Desse modo, o capital social da FDN encontra-se distribuído da seguinte forma:[169] Governo Nacional – 73,4%; IFC – 8,9%; Sumitomo Mitsui Banking Corporation[170] – 8,9%; Corporación Andina de Fomento (CAF)[171] – 8,7%.

---

[168] Tradução livre do autor. No original: *"El impulso a la financiación de la infraestructura que se hace desde la FDN está enfocado en dos elementos, por un lado, en movilizar a todos los actores claves para lograr una financiación integral, generando confianza en el mercado colombiano, y por otro lado, en la participación directa mediante productos innovadores que responden a las necesidades de los proyectos y que permiten mejorar su perfil crediticio y manejar adecuadamente los riesgos inherentes a los mismos"* (FINANCIERA DE DESARROLHO NACIONAL. *Op. cit.*, 2018b).
[169] FINANCIERA DE DESARROLHO NACIONAL. Gobierno corporativo: Composición accionaria. 2019. Disponível em: https://www.fdn.com.co/es/la-fdn/gobierno-corporativo/composicion-accionaria. Acesso em: 20 mar. 2019.
[170] Banco japonês especialista em financiamento de grandes projetos.
[171] Banco de Desenvolvimento da América Latina.

Na visão da própria FDN:[172]

A entrada da IFC, da CAF e do Sumitomo no capital da FDN é uma demonstração de confiança na entidade, que fortalece a sua capacidade técnica para oferecer soluções de financiamento e estruturação enfocadas no desenvolvimento da infraestrutura na Colômbia. Estas entidades aportam *know how*, e são um selo de garantia nacional e internacional, que sem dúvida representam um respaldo aos propósitos da FDN.

Os sócios da FDN lhe transferiram seus altos padrões de governança corporativa, o que garante que suas decisões, tanto em financiamento como em assessoria e estruturação, estejam baseadas em fundamentos técnicos. Como resultado disso, os projetos estruturados, financiados ou assessorados pela entidade devem ser comercial e financeiramente viáveis e contar com o voto positivo de pelo menos um dos representantes dos multilaterais nas assembleias da instituição. Esse fator é importante para a sustentabilidade do desenvolvimento do setor da infraestrutura, além de uma contribuição ao fortalecimento da confiança dos atores do mercado.

A FDN vem, de fato, exercendo um papel de destaque na promoção da infraestrutura colombiana. Um bom exemplo é a sua atuação no Programa 4G,[173] um ambicioso plano de concessões rodoviárias na Colômbia

---

[172] Tradução livre do autor. No original: *"La entrada como accionistas a la FDN por parte del IFC, la CAF y el SMBC es una muestra de confianza en la entidad, que fortalece su capacidad técnica para proveer soluciones de financiación y estructuración enfocadas en el desarrollo de la infraestructura en Colombia. Estas entidades aportan Know How, y son un sello de garantía nacional e internacional, que sin duda representan un respaldo para los propósitos de la FDN. Los socios de la FDN le han transferido sus altos estándares en Gobierno Corporativo, lo cual garantiza que sus decisiones tanto en financiación como en asesoría y estructuración estén basadas en fundamentos técnicos. Como resultado de esto, los proyectos estructurados, financiados o asesorados por la entidad deben ser comercialmente y financieramente viables y contar con el voto positivo de al menos uno de los representantes de las multilaterales en la junta de la institución. Esto no sólo es un factor importante para la sostenibilidad del desarrollo del sector de infraestructura, sino que contribuye al fortalecimiento de la confianza de los actores del mercado"* (FINANCIERA DE DESARROLLO NACIONAL. *Op. cit.*, 2019).

[173] A denominação "4G" deriva do fato de o programa representar a quarta geração de concessões rodoviárias da Colômbia. Cada nova geração incorpora melhoras normativas e contratuais derivadas da experiência da geração anterior, permitindo o aperfeiçoamento gradual do modelo.

que contempla a construção e/ou reabilitação de mais de 8.000 km de vias, distribuídos em 32 projetos.[174]

Mais que prover financiamento direto para os projetos, a FDN concentrou seus esforços na identificação e posterior mitigação de riscos que as fontes privadas de financiamento não estivessem dispostas a assumir.

Nesse contexto, um dos mecanismos utilizados foi a abertura, pela FDN, de linhas contingentes de liquidez às concessionárias, destinadas a cobrir eventuais déficits de caixa oriundos de riscos específicos identificados na fase de análise e estruturação dos projetos.

Tome-se como exemplo o risco de demanda, tão sensível em projetos rodoviários em razão da dificuldade de se estimar o tráfego de veículos no longo prazo. Em diferentes projetos do Programa 4G, a FDN dispôs-se a cobrir esse risco assumindo o compromisso de conceder um crédito suplementar à concessionária na hipótese de a demanda real do projeto se situar abaixo de determinado patamar, garantindo à concessionária um nível de recursos suficientes para o cumprimento de seus compromissos perante o poder público e os agentes financeiros.[175]

Chega-se, assim, à terceira e última proposição: o reposicionamento do BNDES inspirado no exemplo da FDN colombiana. Entre as possíveis medidas a serem implementadas com tal finalidade, vislumbra-se a mudança de foco do banco, passando da concessão direta de recursos para

---

[174] Para uma análise mais detalhada do papel que vem sendo desempenhado pela FDN no Programa 4G, ver: JARAMILLO, Maria Valentina C. *La participación de la financeira de desarrollo nacional (FDN) en el project finance de las concessiones 4G*: um estúdio a partir del caso de la concesión conexión norte, 2017. Dissertação (Mestrado em Administración Financiera) – Escuela de Economía y Finanzas de Medellín, Universidad Eafit, Medellín, 2017. p. 36.

[175] No âmbito do Programa 4G, ficou definido que o risco de demanda (tráfego de veículos) seria assumido pelo poder concedente (Agencia Nacional de Infraestructuras (ANI)). Com tal finalidade, a ANI se obrigou a compensar a concessionária por eventuais déficits de receitas tarifárias derivados da verificação de demanda real inferior à estimada, mediante a realização de pagamentos à concessionária nos anos 8, 13 e 18 da concessão (chamados de Diferencia de Recaudo (DR)). Ocorre que, nos demais anos da concessão, a concessionária também poderia enfrentar problemas de liquidez em razão da menor demanda, sem poder recorrer à ANI nestes períodos. A linha de liquidez da FDN foi estruturada para cobrir essa lacuna. Vale mencionar que a FDN goza de prioridade no recebimento das DRs a serem pagas pela ANI, ou seja, tais recursos devem ser destinados, em primeiro lugar, à amortização do crédito da FDN. Em todos os demais aspectos, o crédito da FDN tem caráter subordinado em relação ao financiamento principal, proporcionando aos agentes financeiros não somente uma estrutura de garantias mais sólida, como também prioridade no recebimento dos seus créditos.

o apoio na estruturação e mitigação de riscos dos projetos, oferecendo garantias que viabilizem uma maior participação de outras fontes de financiamento.

Como visto, os principais riscos a serem equacionados na realidade brasileira são os da fase de construção do projeto. Em linha com a proposta acima, o BNDES daria uma grande contribuição ao mercado se passasse a conceder garantias ou linhas de crédito contingentes, para a cobertura dos riscos de construção mais sensíveis que sejam identificados nas fases de análise e estruturação de cada projeto.

CONCLUSÃO

Estima-se serem necessários investimentos da ordem de R$ 8 trilhões para financiar a infraestrutura brasileira, ao longo dos próximos 20 anos.[176] Em muitos países, o *project finance* vem exercendo um papel fundamental nesse contexto, canalizando recursos provenientes de distintas fontes para o financiamento de projetos de infraestrutura.

Nota-se, contudo, que o financiamento de projetos no Brasil possui algumas particularidades que o diferenciam da prática internacional. Em especial, dificilmente se verificam no país financiamentos verdadeiramente lastreados nos fluxos de caixa do projeto, sendo comum a exigência de garantias pessoais ilimitadas dos patrocinadores, especialmente durante a fase de construção.

Diante da constatação de que essa prática é uma disfunção do modelo brasileiro de financiamento de projetos, a presente obra propôs-se a identificar os principais entraves jurídicos que dificultam a efetiva adoção do *project finance* no Brasil para, em seguida, propor medidas com vistas à sua superação.

O desafio é extremamente complexo. Para além de aspectos não jurídicos que extrapolam o escopo desta obra, o *project finance* é um arranjo contratual sofisticado que demanda, para seu correto funcionamento, um alto nível de segurança jurídica, traduzida em um conjunto de regras claras, estáveis e previsíveis.

A solução, em tese, ideal para a superação dos entraves verificados no Brasil passa por um amplo pacto destinado a dotar os projetos de infra-

---

[176] OLIVEIRA, Maurício. *Op. cit.*, 2018.

estrutura de maior segurança jurídica, envolvendo todos os poderes da República, nos três níveis federativos.

É preciso ter em mente, contudo, as limitações de uma abordagem deste tipo. Além da dificuldade de se alcançar o consenso político necessário, nada garante que são as proposições indicadas neste trabalho – e não outras de similar natureza – que, se implementadas, conferirão segurança jurídica aos projetos de infraestrutura, a tal ponto de fomentar a adoção do *project finance* no Brasil.

Tais limitações demandam a análise do problema sob uma perspectiva mais prática e realista, alinhada ao conceito de *second-best*. Há, efetivamente, medidas concretas que podem ser tomadas para viabilizar o uso do *project finance* no Brasil, ainda que o ambiente institucional e de negócios brasileiro não seja plenamente favorável.

Uma primeira alternativa, explorada nesta obra, consiste na adoção de medidas *ad hoc* no âmbito de projetos individualmente considerados, com vistas a aprimorar as condições de financiamento (*bankability*) a eles aplicáveis. O "Caso Entrevias" é a prova de que projetos sólidos e bem estruturados podem ser financiados sem garantia pessoal dos patrocinadores, apesar de todos os entraves existentes no Brasil.

Outra possibilidade consiste em se espelhar na experiência de outros países. Nesse sentido, foram analisadas nesta obra abordagens e arranjos contratuais praticados na Espanha, no Peru e na Colômbia que, embora não possam ser considerados soluções à medida para o caso brasileiro, constituem boas práticas que podem servir de inspiração ao país.

O Brasil encontra-se, neste momento, em um ponto de inflexão. De um lado, o BNDES, maior financiador de longo prazo do país,[177] vem restringindo sua política creditícia. De outro, a crise – somada aos recentes casos de corrupção deflagrados, principalmente, pela operação Lava Jato[178] – atingiu fortemente alguns dos principais grupos construtores do país, tradicionalmente responsáveis pela promoção dos projetos de infraestrutura no Brasil.

Com isso, uma nova realidade se impõe ao financiamento de projetos no Brasil, tendo como premissa uma menor participação dos agentes que

---

[177] De acordo com os dados divulgados pela Anbima (ASSOCIAÇÃO BRASILEIRA DAS ENTIDADES DOS MERCADOS FINANCEIROS E DE CAPITAIS. *Op. cit.*, 2019).
[178] MINISTÉRIO PÚBLICO FEDERAL. *Op. cit.*, 2018.

dominaram o mercado até esse momento. Nesse contexto, faz-se necessário atrair a participação de novos *players*, tornando-se premente, para tanto, aprimorar o modelo de financiamento predominante no país.

No enfrentamento desse desafio, não se pode pretender resultados diferentes fazendo tudo exatamente igual.[179] Para que a realidade dos financiamentos de projetos no Brasil seja modificada, é preciso, em primeiro lugar, mudar a mentalidade, as convicções e as atitudes que pautaram a prática brasileira até aqui.

A presente obra é, nesse sentido, um chamamento à mudança. O simples diagnóstico dos entraves enfrentados pelo *project finance* no Brasil poderá servir como elemento de conscientização dos diferentes agentes, públicos e privados, envolvidos no tema. Tanto melhor se, para além disso, este trabalho se mostrar útil ao aperfeiçoamento das práticas jurídicas a ele relacionadas.

---

[179] Citação comumente atribuída a Albert Einstein, embora não haja confirmação neste sentido.

REFERÊNCIAS

AGÊNCIA DE TRANSPORTE DO ESTADO DE SÃO PAULO. *Contrato de concessão n. 0352/2017*. São Paulo, 2017. Disponível em: http://www.google.com.br/url?sa=t&rct=j&q=&esrc=s&source=web&cd=1&ved=2ahUKEwj-ysCtnLbeAhVMIpAKHe9JD34QFjAAegQICRAC&url=http%3A%2F%2Fwww.parcerias.sp.gov.br%2FParcerias%2FDocumento%2FDownload%3Fcodigo%3D26369&usg=AOvVaw1FSQioJnlulwDAnwPsUrda. Acesso em: 2 nov. 2018.

AHMED, Priscila A. *Project finance in developing countries*: IFC's lessons of experience. Washington, D. C.: International Finance Corporation, 1999. (Lessons of experience series, n. 7).

ALBARRACIN, Carlos; CÁCERES, Augusto. New debt instrument helps infrastructure financings in Peru. *Lexology*, maio 2012.

ARANTES, Paulo Henrique. O polêmico – e hoje corriqueiro – ativismo judicial. *Revista CAASP*, São Paulo, n. 31, ano 6, p.18-25, out. 2017.

ARIDA, Pérsio; BACHA, Edmar Lisboa; LARA-RESENDE, André. Credit, interest, and jurisdictional uncertainty: conjectures on the case of Brazil. *In*: GIAVAZZI, Francesco; GOLDFAJN, Illan (ed.). *Inflation targeting and debt, and the Brazilian experience, 1999 to 2003*. Cambridge: MIT Press, 2005.

ASSOCIAÇÃO BRASILEIRA DA INFRAESTRUTURA E INDÚSTRIAS DE BASE. *Agenda de propostas para a infraestrutura 2018*. São Paulo: ABDIB, 2018. Disponível em: https://www.abdib.org.br/wp-content/uploads/2018/08/Agenda-de-propostas-da-infraestrutura-2018.pdf. Acesso em: 10 jan. 2019.

ASSOCIAÇÃO BRASILEIRA DAS ENTIDADES DOS MERCADOS FINANCEIROS E DE CAPITAIS. Emissões de debêntures incentivadas se aproximam dos desembolsos do BNDES em infraestrutura no primeiro ano da TLP. 5 nov. 2018. Disponível em: http://www.anbima.com.br/pt_br/imprensa/emissoes-de-debentures-incentivadas-se-aproximam-dos-desembolsos-do-bndes-em-infraestrutura-no-primeiro-ano-da-tlp-2CA08A8766608CBE0166E3CCA89E046E.htm. Acesso em: 9 mar. 2019.

ASSOCIAÇÃO BRASILEIRA DAS ENTIDADES DOS MERCADOS FINANCEIROS E DE CAPITAIS. *Boletim de financiamento de projetos*: volume de financiamento de projetos cresce 60% em 2017. 2 ago. 2018. Disponível em: http://www.anbima.com.br/pt_br/informar/

relatorios/mercado-de-capitais/boletim-de-financiamento-de-projetos/volume-de-financiamentos-de-projetos-cresce-60-0-em-2017.htm. Acesso em: 9 mar. 2019.

ASSOCIAÇÃO BRASILEIRA DAS ENTIDADES DOS MERCADOS FINANCEIROS E DE CAPITAIS. *Boletim de financiamento de projetos*: participação relativa do BNDES no financiamento de *project finance* cai para 41%. 23 jul. 2019. Disponível em: https://www.anbima.com.br/pt_br/informar/relatorios/mercado-de-capitais/boletim-de-financiamento-de-projetos/participacao-relativa-do-bndes-no--financiamento-de-project-finance-cai--para-41.htm. Acesso em: 17 jan. 2020.

BACCHIOCCHI, Gianluca G. Peru's project bond recipe. *Latin America Finance Update*, 27 set. 2011.

BANCO ABC. *Case study*: 1ª oferta pública de debêntures da Entrevias Concessionária de Rodovias, mar. 2018.

BANCO NACIONAL DE DESENVOLVIMENTO ECONÔMICO E SOCIAL. *BNDES project finance*. [2019?]. Disponível em: https://www.bndes.gov.br/wps/portal/site/home/financiamento/produto/bndes-project-finance. Acesso em: 16 mar. 2019.

BANCO NACIONAL DE DESENVOLVIMENTO ECONÔMICO E SOCIAL. *Livro verde*: nossa história tal como ela é. Rio de Janeiro: BNDES, 2017.

BANCO NACIONAL DE DESENVOLVIMENTO ECONÔMICO E SOCIAL. Operações contratadas na forma direta e indireta não automática (2002-2019). BNDES 2019. Disponível em: https://www.bndes.gov.br/wps/portal/site/home/transparencia/centraldedownloads/!ut/p/z1/pVLLUsIwFP0VWHTZ5mJa2rorir-zK4AyD0GycPkKJlqSkodW_NyAL-RWHG8e5y5uY85lxE0AoRHtcsjxU-TPC70OyLd59Cf9If2DEKY9zAE9--7ICQc-2GOMlscFuDABIPLtP358g-GAYdhb2tAc3Exs9IYJIylWpNihKeEar-Z8YrxdQ-PTowYCO21AAlY16VsaQ8Z-bEBKeUaKVoZbWWi4YWIs-rAVKYs-Q5FPKaYArgmxB6btrH3TSxPfxC6s-Paeb0CTLTs6vRCPXgy0Pel8ZZiPc1--HuQsfuTzoDH58WrnBE2oN70UO-vg5Y1ow1acCG3uo35HyMOAY3PCvi-RUjfMXnY7EugaBFf0TaHVP3vQm-nkhks_zCXiCvRwRSddUUmn-tpYY3SpXVrQEGNE1jHeWsXNRWI-jVSVgaUQqqDaMUUvSD9G_lGVNr--OScqt4uth9_N1_W0j22SOEU-dBkG7_QHsbP8W/dz/d5/L2dBISEvZ0FBIS9nQSEh/. Acesso em: 20 out. 2018.

BARROSO, Luís Roberto. Ética e jeitinho brasileiro: por que a gente é assim? Palestra proferida na Conferência sobre o Brasil, na Universidade de Harvard pelo Ministro Luís Roberto Barroso. *Revista Consultor Jurídico*, p. 1-11, 10 abr. 2017.

BENOIT, Philippe. *Project finance at the World Bank*: an overview of policies and instruments. Washington, D. C.: The World Bank, 1996. (World Bank Technical Paper, n. 312).

BIFANO, Elidie Palma; FAJERSZTAIN, Bruno. O pagamento de ágio na compra de participações societárias e a segurança jurídica. *In*: SCHOUERI, Luiz Eduardo, BIANCO, João Francisco; CASTRO, Leonardo Freitas de Moraes et al. (org.). *Estudos de direito tributário em homenagem ao Professor Gerd Willi Rothmann*. São Paulo: Quartier Latin, 2016. v. 1.

BOLLE, Monica de. Do public development banks hurt growth? Evidence from Brazil. *Policy Brief*, Washington, D.C., n. 15-16, p. 1-15, set. 2015.

REFERÊNCIAS

BOLSONARO, Jair M. *Caminho da prosperidade*: proposta de plano de governo. 2018. Disponível em: http://divulgacandcontas.tse.jus.br/candidaturas/oficial/2018/BR/BR/2022802018/280000614517/proposta_1534284632231.pdf. Acesso em: 8 nov. 2018.

BONOMI, Claudio A.; MALVESSI, Oscar. *Project finance no Brasil*: fundamentos e estudos de casos. São Paulo: FGV, 2002.

BRASIL. Lei n. 6.404, de 15 de dezembro de 1976. Dispõe sobre as Sociedades por Ações. *Diário Oficial da União*, Poder Executivo, Brasília-DF: 17 dez. 1976. Disponível em: http://www.planalto.gov.br/ccivil_03/leis/l6404compilada.htm. Acesso em: 30 jan. 2019.

BRASIL. Lei n. 8.987, de 13 de fevereiro de 1995. Dispõe sobre o regime de concessão e permissão da prestação de serviços públicos previsto no art. 175 da Constituição Federal, e dá outras providências. *Diário Oficial da União*, Poder Executivo, Brasília-DF: 14 fev. 1995. Disponível em: http://www.planalto.gov.br/ccivil_03/Leis/L8987compilada.htm. Acesso em: 21 jan. 2019.

BRASIL. Lei n. 11.079, de 30 de dezembro de 2004. Institui normas gerais para licitação e contratação de parceria público-privada no âmbito da administração pública. *Diário Oficial da União*, Poder Executivo, Brasília-DF: 31 dez. 2004. Disponível em: http://www.planalto.gov.br/ccivil_03/_Ato2004-2006/2004/Lei/L11079.htm. Acesso em: 10 mar. 2019.

BRASIL. Lei n. 10.406, de 10 de janeiro de 2002. Institui o código civil. *Diário Oficial da União*, Poder Executivo, Brasília-DF: 11 jan. 2002. Disponível em: http://www.planalto.gov.br/ccivil_03/LEIS/2002/L10406.htm. Acesso em: 3 dez. 2018.

BRASIL. Lei n. 11.079, de 30 de dezembro de 2004. Institui normas gerais para licitação e contratação de parceria público-privada no âmbito da administração pública. *Diário Oficial da União*, Poder Executivo, Brasília-DF: 31 dez. 2004. Disponível em: http://www.planalto.gov.br/ccivil_03/_Ato2004-2006/2004/Lei/L11079.htm. Acesso em: 21 jan. 2019.

BRASIL. Lei n. 11.101, de 11 de fevereiro de 2005. Regula a recuperação judicial, a extrajudicial e a falência do empresário e da sociedade empresária. *Diário Oficial da União*, Poder Executivo, Brasília-DF: 9 fev. 2005. Disponível em: http://www.planalto.gov.br/ccivil_03/_Ato2004-2006/2005/Lei/L11101.htm. Acesso em: 28 fev. 2019.

BRASIL. Lei n. 12.431, de 24 de junho de 2011. Dispõe sobre a incidência do imposto sobre a renda nas operações que especifica; altera as Leis ns. 11.478, de 29 de maio de 2007, 6.404, de 15 de dezembro de 1976, 9.430, de 27 de dezembro de 1996, 12.350, de 20 de dezembro de 2010, 11.196, de 21 de novembro de 2005, 8.248, de 23 de outubro de 1991, 9.648, de 27 de maio de 1998, 11.943, de 28 de maio de 2009, 9.808, de 20 de julho de 1999, 10.260, de 12 de julho de 2001, 11.096, de 13 de janeiro de 2005, 11.180, de 23 de setembro de 2005, 11.128, de 28 de junho de 2005, 11.909, de 4 de março de 2009, 11.371, de 28 de novembro de 2006, 12.249, de 11 de junho de 2010, 10.150, de 21 de dezembro de 2000, 10.312, de 27 de novembro de 2001, e 12.058, de 13 de outubro de 2009, e o Decreto-Lei nº 288, de 28 de fevereiro de 1967; institui o Regime Especial de Incentivos para o Desenvolvimento de Usinas Nucleares (Renuclear); dispõe sobre medidas tributárias relacionadas ao Plano Nacional de Banda Larga; altera a legislação relativa à isenção do Adicional ao Frete para Renovação da Marinha Mercante (AFRMM); dispõe sobre a extinção do Fundo Nacional de Desenvolvimento; e dá outras providências. *Diário Oficial da União*, Poder Executivo, Brasília-DF: 29 jun. 2011. Disponível em: http://www.planalto.gov.br/ccivil_03/_Ato2011-2014/2011/Lei/L12431.htm. Acesso em: 9 mar. 2019.

BRASIL. Lei n. 13.655, de 25 de abril de 2018. Inclui no Decreto-Lei n. 4.657, de 4 de setembro de 1942 (Lei de Introdução às Normas do Direito Brasileiro), disposições sobre segurança jurídica e eficiência na criação e na aplicação do direito público. *Diário Oficial da União*, Poder Executivo, Brasília-DF: 26 abr, 2018. Disponível em: http://www.planalto.gov.br/ccivil_03/_Ato2015-2018/2018/Lei/L13655.htm. Acesso em: 9 mar. 2019.

BRASIL. Lei n. 13.874, de 20 de setembro de 2019. Institui a Declaração de Direitos de Liberdade Econômica; estabelece garantias de livre mercado; altera as Leis ns. 10.406, de 10 de janeiro de 2002 (Código Civil), 6.404, de 15 de dezembro de 1976, 11.598, de 3 de dezembro de 2007, 12.682, de 9 de julho de 2012, 6.015, de 31 de dezembro de 1973, 10.522, de 19 de julho de 2002, 8.934, de 18 de novembro 1994, o Decreto-Lei n. 9.760, de 5 de setembro de 1946 e a Consolidação das Leis do Trabalho, aprovada pelo Decreto-Lei n. 5.452, de 1º de maio de 1943; revoga a Lei Delegada n. 4, de 26 de setembro de 1962, a Lei n. 11.887, de 24 de dezembro de 2008, e dispositivos do Decreto-Lei n. 73, de 21 de novembro de 1966; e dá outras providências. *Diário Oficial da União*, Poder Executivo, Brasília-DF: 20 set., 2019. Disponível em: http://www.planalto.gov.br/ccivil_03/_ato2019-2022/2019/lei/L13874.htm. Acesso em: 19 jan. 2020.

BREIJER, Marieke. Redefining project finance. *Latin Lawyer*, v. 11, n. 6, 2012.

CARVALHOSA, Modesto. *Comentários à lei de sociedades anônimas:* lei n. 6.404, de 15 de dezembro de 1976, com as modificações da Lei n. 9.457, de 5 de maio de 1997. São Paulo: Saraiva, 1998. v. 1.

CASTRO, José Roberto. Qual foi a gravidade da recessão no Brasil e qual a força de recuperação. *Nexo*, 6 fev. 2018. Disponível em: https://www.nexojornal.com.br/expresso/2018/02/06/Qual-foi-a-gravidade-da-recess%C3%A3o-no-Brasil-e-qual-a-for%C3%A7a-da-recupera%C3%A7%C3%A3o. Acesso em: 2 nov. 2018.

CASTRO, Leonardo Freitas de Moraes. Project finance and public private partnership: a legal and economic view from Latin American experience. *Business Law International*, v. 11, n. 3, p. 225-237, set. 2010.

COMISSÃO DE VALORES MOBILIÁRIOS. Instrução CVM 578, de 30 de agosto de 2016, com as alterações introduzidas pelas instruções CVM 589/17 e 604/18. Dispõe sobre a constituição, o funcionamento e a administração dos Fundos de Investimento em Participações. Disponível em: http://www.cvm.gov.br/legislacao/instrucoes/inst578.html. Acesso em: 3 mar. 2019.

COMPLETION. *In*: FARLEX FINANCIAL DICTIONARY, 2012. Disponível em: https://financial-dictionary.thefreedictionary.com/Completion. Acesso em: 19 fev. 2020.

COMPLETION BOND. *In*: CAMBRIDGE DICTIONARY, 2019. Disponível em: https://dictionary.cambridge.org/dictionary/english/completion-bond. Acesso em: 19 fev. 2020.

REFERÊNCIAS

CONSELHO FEDERAL DE ENGENHARIA, ARQUITETURA E AGRONOMIA. Resolução n. 1.025, de 30 de outubro de 2009. Dispõe sobre a Anotação de Responsabilidade Técnica e o Acervo Técnico Profissional, e dá outras providências. *Diário Oficial da União*, Poder Executivo, Brasília-DF: 31 dez. 2009. Disponível em: http://normativos.confea.org.br/downloads/1025-09.pdf. Acesso em: 2 mar. 2019.

DELMON, Jeffrey. Bankability. *In*: DELMON, Jeffrey. *Private sector investment in infrastructure*: project finance, PPP projects and risk. 2. ed. Chicago: The World Bank and Kluwer Law International, 2008a.

DELMON, Jeffrey. Introduction to project finance. *In*: DELMON, Jeffrey. *Private sector investment in infrastructure*: project finance, PPP projects and risk. 2. ed. Chicago: The World Bank and Kluwer Law International, 2008b.

DEL VALLE, Clemente. La experiencia de Colombia en el desarrollo de infraestructura a través de APP: Programa 4G. *FDN. Financiera de Desarrolho Nacional*. [2018]. Disponível em: https://docplayer.es/53871789-La-experiencia-de-colombia-en-el-desarrollo-de-infraestructura-a-traves-de-app-programa-4g-clemente-del-valle.html. Acesso em: 10 mar. 2019.

DE GOYENECHE, Ignacio Pérez de Herrasti y. *Project finance*: inversión en proyectos autofinanciados. Madri: Ediciones 2010, 1997.

ENEI, José Virgílio Lopes. *Project finance*: financiamento com foco em empreendimentos (Parcerias Público-Privadas, Leveraged Buy-Outs e outras figuras afins). São Paulo: Saraiva, 2007.

ENEI, José Virgílio Lopes. Project finance e suas novas tendências: duas décadas de aplicação no Brasil. *In*: CARVALHO, André Castro; CASTRO, Leonardo Freitas de Moraes e. (org.). *Manual de project finance no direito brasileiro*. São Paulo: Quartier Latin, 2018a.

ENEI, José Virgílio Lopes. *Garantias de adimplemento da administração pública ao contratado nas parcerias*. Rio de Janeiro: Almedina, 2018b.

ENTREVIAS Concessionária de Rodovias S.A Entrevias ganha prêmio internacional de "Melhor Financiamento de Rodovias da América Latina". 16 out. 2018. Disponível em: http://www.entrevias.com.br/2018/10/16/entrevias-ganha-premio-internacional-de-melhor-financiamento-de-rodovias-da-america-latina/. Acesso em: 10 dez. 2018.

ESTRUCTURAS de financiamiento com CRPAOs, RPICAOs y CR-RPIs. *Conceptos claves*. Lima-Peru, set. 2011.

FELSBERG, Thomas Benes; AZZONI, Clara Moreira; COSTA, Thiago Dias. As duas faces da segurança jurídica. *Revista CCASP*, São Paulo, v. 34, n. 7, p. 80-82, abr. 2018.

FINANCIERA DE DESARROLHO NACIONAL. *Productos y servicios*, 2018. Disponível em: https://www.fdn.com.co/es/productos-y-servicios. Acesso em: 20 nov. 2018.

FINANCIERA DE DESARROLHO NACIONAL. Gobierno corporativo: composición accionaria, 2019. Disponível em: https://www.fdn.com.co/es/la-fdn/gobierno-corporativo/composicion-accionaria. Acesso em: 20 mar. 2019.

GILSON, Ronald J.; HANSMANN, Henry; PARGENDLER, Mariana. Regulatory dualism as a development strategy: corporate reform in Brazil, the United States, and the European Union. *Stanford Law Review*, v. 63, n. 2, p. 475-538, mar. 2011.

GLOBAL REPORT. Peruvian infrastructure lays the Foundation for More ABS. *Asset Securitization Report*, v. 10, n. 9, p. 26-28, 2010.

GONÇALVES, Fernando M.; HOLLAND, Márcio; SPACOV, Andrei. Can jurisdictional uncertainty and capital controls explain the high level of real interest rates in Brazil? Evidence from panel data. *Revista Brasileira de Economia*, Rio de Janeiro, v. 61, n. 1, p. 49-75, jan./mar. 2007.

GRAU, Eros Roberto. *Por que tenho medo dos juízes*: sobre a interpretação/aplicação do Direito. 6. ed. São Paulo: Malheiros Editores, 2014.

GUILHARDI, Pedro. Responsabilidade civil dos bancos por dano ambiental em projetos financiados. *Lex Magister*, 10 fev. 2016. Disponível em: http://www.lex.com.br/doutrina_27088858_RESPONSABILIDADE_CIVIL_DOS_BANCOS_POR_DANO_AMBIENTAL_EM_PROJETOS_FINANCIADOS.aspx. Acesso em: 1 mar. 2019.

HOFFMAN, Scott L. *The law and business of international project finance*. 3. ed. Cambridge: Cambridge University Press, 2008.

HOFFMAN, Scott L. A practical guide to transactional project finance: basic concepts, risk identification, and contractual considerations. *The Business Lawyer*, v. 45, p. 181-232, nov. 1989.

INTERNATIONAL FINANCE CORPORATION. *Project finance in developing countries*. Washington, D.C.: International Finance Corporation, 1999.

JARAMILLO, Maria Valentina C. *La participación de la financeira de desarrollo nacional (FDN) en el project finance de las concessiones 4G*: um estúdio a partir del caso de la concesión conexión norte, 2017. Dissertação (Mestrado em Administración Financiera) – Escuela de Economía y Finanzas de Medellín, Universidad Eafit, Medellín, 2017.

JORNAL NACIONAL. Saneamento será uma das prioridades do BNDES, anuncia Paulo Guedes. *G1*, 6 dez. 2019. Disponível em: https://g1.globo.com/jornal-nacional/noticia/2019/12/06/saneamento-sera-uma-das-prioridades-do-bndes-anuncia-paulo-guedes.ghtml. Acesso em: 10 jan. 2020.

KELSEN, Hans. *Teoria pura do direito*. São Paulo: Martins Fontes, 1998.

KPMG. ACI Institute Brasil. *Gerenciamento de risco*: os principais fatores de risco apresentados pelas empresas abertas brasileiras, 2017.

LA BOÉTIE, Étienne de. *Discurso sobre a servidão voluntária*. Tradução de J. Cretell Júnior e Agnes Cretella. São Paulo: Ed. Revista dos Tribunais, 2003. (RT- Textos Fundamentais 8).

LATHAM, WATKINS. *The book of project finance jargon*. 2. ed. New York: Latham & Watkins, 2013.

LAZZARINI, Sérgio; MUSACCHIO, Aldo; BANDEIRA DE MELLO, Rodrigo et al. *What do state-owned development banks do evidence from BNDES 2002-2009*. São Paulo: FGV, 2014.

LIMA, Stefan Lourenço de. Garantias em operações de *project finance* nos setores de infraestrutura: o papel dos *Covenants*. *Revista de Finanças Aplicadas*, São Paulo, v. 1, n. 1, p. 1-44, 2014.

LIPSEY, R. G.; KELVIN, L. The general theory of second best. *The Review of Economic Studies*, v. 24, n. 1, p. 11-32, 1956.

LUZ, Cátia. 'Risco jurídico trava o crescimento', diz Alexandre Bertoldi. *O Estado de S. Paulo*, São Paulo, 23 jul. 2018. Economia. Disponível em: https://economia.estadao.com.br/noticias/geral,risco--juridico-trava-o-crescimento-diz-alexandre-bertoldi,70002411392. Acesso em: 12 mar. 2019.

MARQUES NETO, Floriano de Azevedo. A nova Lei de Introdução às Normas do Direito Brasileiro: uma batalha vencida, outras por vir. *Revista CAASP*, São Paulo, n. 36, ano 7, p. 70-72, ago. 2018.

MAZZINI, Daniele. Stable international contracts in emerging markets: an endangered species. *Boston University International Law Journal*, v. 15, n. 1, 1997.

MEYER, Machado; COSTA, Marcos, ANDRADE, Sávio Pereira de et al. Novo precedente do STJ sobre cessão judiciária de recebíveis e o conceito de bem de capital. *Inteligência Jurídica*, 13 fev. 2019. Disponível em: https://www.machadomeyer.com.br/pt/inteligencia-juridica/publicacoes-ij/contencioso-arbitragem-e-solucao-de-disputas-ij/novo-precedente-do-stj-sobre-cessao-fiduciaria-de-recebiveis-e-o-conceito-de-bem-de-capital. Acesso em: 24 mar. 2019.

MINISTÉRIO PÚBLICO FEDERAL. *Operação Lava Jato*. 2018. Disponível em: http://www.mpf.mp.br/grandes-casos/lava-jato/entenda-o-caso/lavajato_index. Acesso em: 24 abr. 2020.

MUSACCHIO, Aldo; LAZZARINI, Sérgio G. *Reinventando o capitalismo de estado*: o Leviatã nos negócios: Brasil e outros países. Tradução de Afonso Celso da Cunha Serra. São Paulo: Porfolio-Penguin, 2015.

NEDER, Vinícius; CIARELLI, Mônica. O Estado é um péssimo detentor de empresas, diz presidente do BNDES. *O Estado de S. Paulo*, São Paulo, 30 set. 2019. Econômica e Negócios. Disponível em: https://economia.estadao.com.br/noticias/geral,o-estado-e-um-pessimo-detentor-de-empresas,70003030504. Acesso em: 20 jan. 2020.

OLIVEIRA, Maurício. A raiz do nosso atraso. *Exame*, São Paulo, ed. 1167, ano 52, n. 15, 8 ago. 2018.

ORGANIZAÇÃO PARA A COOPERAÇÃO E DESENVOLVIMENTO ECONÔMICO. *Relatórios Econômicos OCDE*: Brasil 2018. Paris: OCDE, 2018. Disponível em: http://www.oecd.org/economy/surveys/Brazil-2018-OECD-economic-survey-overview-Portuguese.pdf. Acesso em: 10 jan. 2019.

PROGRAMA DE PARCERIA E INVESTIMENTOS. *Sobre o programa*. [2019]. Disponível em: https://www.ppi.gov.br/sobre-o-programa. Acesso em: 9 out. 2018.

PROJECT FINANCE INTERNATIONAL. Peru and the project bond Revolution. v. 552, maio 2015. Disponível em: https://www.bakermckenzie.com/-/media/files/insight/publications/2015/05/peru-and-the-project-bond-revolution/files/read-publication/fileattachment/ar_la_peruprojectbond_may15.pdf. Acesso em: 21 fev. 2019.

PINHEIRO, Armando Castelar. *Judiciário, reforma e economia:* a visão dos magistrados. Texto para Discussão n. 966. Rio de Janeiro: Ministério do Planejamento, Orçamento e Gestão/IPEA, 2003.

PINTO JUNIOR, Mario Engler. *Estruturação de operações financeiras*: financiamento da concessão do lote centro-oeste da malha rodoviária do Estado de São Paulo.

PINTO JUNIOR, Mario Engler. Pesquisa jurídica no mestrado profissional. *Revista de Direito GV*, São Paulo, v. 14, n. 1, p. 27-48, jan./abr. 2018.

RAGHURAM, Rajan; ZINGALES, Luigi. *Salvando o capitalismo dos capitalistas*: acreditando no poder do livre mercado para criar mais riqueza e ampliar as oportunidades. Tradução de Maria José Cyhlar Monteiro. Rio de Janeiro: Elsevier, 2004.

RAND, Ayn. *A revolta de Atlas*. Tradução de Paulo Henriques Britto. São Paulo: Arqueiro, 2012.

RAUNER, Stewart E. Project finance: a risk spreading approach to the commercial financing of economic development. *Harvard International Law Journal*, v. 24, p. 145-181, Summer 1983.

RODRIK, Dani. Second-best institutions. *American Economic Review*: Papers & Proceeding, v. 98, n. 2, p. 100-104, 2008.

SADER, Frank. *Attracting foreign direct investment into infrastructure*: why is it so difficult? Washington, D. C.: The International Finance Corporation and the World Bank, 2000. (Foreign Investment Advisory Service Occasional Paper, 12).

SALATI, Paula. Em quatro anos, governo diminuiu em 56% o volume de investimento público. *Diário Comércio e Indústria & Serviços*, São Paulo, 4 jan. 2019, p. A8. Economia e Finanças.

SAMPAIO, Rômulo Silveira da Rocha. *Fundamentos da responsabilidade civil ambiental das instituições financeiras*. Rio de Janeiro: Elsevier, 2013.

SANT'ANNA, Lucas de Morais Cassiano. *Aspectos orçamentários das parcerias público-privada*. São Paulo: Almedina, 2018.

SÃO PAULO (Estado). Lançamento do Edital de Concessão Rodoviária do Lote Centro-Oeste Paulista, nov. 2016.

SÃO PAULO (Estado). Obras na rodovia Centro Oeste Paulista começam em um mês. *SP Notícias*, 6 jun. 2017. Disponível em: http://www.saopaulo.sp.gov.br/spnoticias/ultimas-noticias/obras-nas-rodovias-centro-oeste-paulista-comecam-em-um-mes/. Acesso em: 2 nov. 2018.

SCHAPIRO, Mário Gomes. Estado, economia e sistema financeiro: bancos públicos como opção regulatória e como estrutura de governança. *In*: LIMA, Maria Lúcia L. M. Pádua (coord.). *Agenda contemporânea:* direito e economia: 30 anos de Brasil. São Paulo: Saraiva, 2012. Tomo 2. (Série GVlaw).

SCHWAB, Klaus. *The global competitiveness report 2018*. Cologny/Geneva/Switzerland: World Economic Forum, 2018. Disponível em: http://www3.weforum.org/docs/GCR2018/05FullReport/TheGlobalCompetitivenessReport2018.pdf. Acesso em: 17 mar. 2019.

SHAW, Frank C. Reconciling two legal culture in privatizations and large-scale capital projects in Latin America. *Law and Police in International Business*, n. 30, 1999.

SIEMS, Mathias. Comparative legal certainty: legal families and forms of measurement. *In*: FENWICK, Mark; SIEMS, Mathias; WRBKA Stefan (eds.). *The shifting meaning of legal certainty in comparative and transnational law*. Oxford: Hart Publishing, 2017. Disponível em: https://papers.ssrn.com/sol3/papers.cfm?abstract_id=3007094. Acesso em: 10 mar. 2019.

SILVA, Leonardo Toledo da. Os contratos EPC e os pleitos de reequilíbrio econômico-contratual. *In*: SILVA, Leonardo Toledo da (coord.). *Direito e infraestrutura*. São Paulo: Saraiva, 2012.

SORIMA NETO, João; SCRIVANO, Roberta. Modelo de licença ambiental impede avanços. *Valor Econômico*, São Paulo, 2 ago. 2018.

SORIMA NETO, João; SCRIVANO, Roberta. País precisa de um salto nos investimentos, 6% do PIB. *Valor Econômico*, São Paulo, 2 ago. 2018. Disponível em: https://www.valor.com.br/brasil/5705637/pais-precisa-de-um-salto-nos-investimentos-para-6-do-pib. Acesso em: 1 mar. 2019.

SORJ, Pablo. Financiamento para infraestrutura no Brasil: o mercado de dívida

REFERÊNCIAS

e a iniciativa dos "Projects Bonds". In: Mattos Filho; Veiga Filho; Marrey Júnior et al. (orgs.). *Construindo um novo Brasil*: principais desafios do regime jurídico da infraestrutura. São Paulo: Editora Vitória Régia, 2011.

Stelwagon, William M. Financing private energy projects in the third world. *The Catholic Lawyer*, v. 37, n. 1, p. 45-72, out. 2017.

SUPERINTENDÊNCIA DE SEGUROS PRIVADOS. Circular Susep n. 477, de 30 de setembro de 2013. Dispõe sobre o Seguro Garantia, divulga Condições Padronizadas e dá outras providências. Disponível em: http://www2.susep.gov.br/bibliotecaweb/docOriginal.aspx?tipo=1&codigo=31460. Acesso: 2 mar. 2019.

SUPERIOR TRIBUNAL DE JUSTIÇA. REsp: 650728 SC 2003/0221786-0. Relator: Ministro HERMAN BENJAMIN, Data de Julgamento: 23/10/2007, T2 – SEGUNDA TURMA, Data de Publicação: DJe 02/12/2009. Disponível em: https://stj.jusbrasil.com.br/jurisprudencia/8637993/recurso-especial-resp-650728-sc-2003-0221786-0/inteiro-teor-13682613?ref=juris-tabs. Acesso em: 20 fev. 2019.

Thatcher, Margaret. Não existe essa coisa de dinheiro público. 2015. 1 vídeo (2:22 min). Publicado pelo canal Comunicado Br. Disponível em: https://www.youtube.com/watch?v=WFIN5VfhSZo. Acesso em: 20 jan. 2020.

Thomson Reuters. *Global project finance review*: managing underwriters. First Nine Months 2018.

TRIBUNAL DE JUSTIÇA DE SÃO PAULO. APL: 9232322582008826 SP 9232322-58.2008.8.26.0000. Relator: Gil Coelho, Data de Julgamento: 17/05/2012, 11ª Câmara de Direito Privado, Data de Publicação: 19/05/2012. Disponível em: https://tj-sp.jusbrasil.com.br/jurisprudencia/21696826/apelacao-apl-9232322582008826-sp-9232322-5820088260000-tjsp/inteiro-teor-110444943?ref=serp. Acesso em: 1 mar. 2019.

TRIBUNAL DE JUSTIÇA DE SÃO PAULO. Apelação n. 920.184-0/5, julgada em 30.03.2006 pela 32ª Câmara de Direito Privado, Rel. Ruy Coppola.

TRIBUNAL DE JUSTIÇA DO ESTADO DE SÃO PAULO. Embargos infringentes 1.087.200-1/5, julgados em 10.07.2008 pela 36ª Câmara de Direito Privado, Rel. Pedro Baccarat. Disponível em: https://tj-sp.jusbrasil.com.br/jurisprudencia/3467574/embargos-infringentes-ei-1087200015-sp/inteiro-teor-101455717?ref=juris-tabs. Acesso em: 1 mar. 2019.

Vinter, Graham. *Project finance*: a legal guide. 2. ed. London: Sweet & Maxwell, 1998.

VÓRTX Distribuidora de Títulos e Valores Mobiliários Ltda. Escritura Particular da 2ª Emissão de Debêntures Simples, não conversíveis em ações, da espécie com garantia real, com garantia adicional real, em série única, para distribuição pública com esforços restritos, da Entrevias Concessionária de Rodovias S.A. 1 mar. 2018. Disponível em: https://vxinforma.vortx.com.br/Uploads/Documentos/Operacao_11132/Emissao%20Debentures/deb%20-%202eus%20-%20entrevias%20-%20emissao%20debentures%20(v%20jucesp)_20180320_150801.pdf. Acesso em: 10 mar. 2019.

Weber, Max. *Economia e sociedade*: fundamentos da sociologia compreensiva. Tradução de Regis Barbosa e Karen Elsabe Barbosa. São Paulo: Editora UnB, 2004. v. 2.

WORLD ECONOMIC FORUM. *Improving infrastructure financing in Brazil*. Cologny/Geneva/Switzerland: Inter-American Development Bank, 2019. Disponível em: https://publications.iadb.org/en/improving-infrastructure-financing-brazil. Acesso em: 15 fev. 2019.

YEUNG, Luciana Luk-Tai; AZEVEDO, Paulo Furquim de. Nem Robin Hood, nem King John: testando o viés anti-credor e anti-devedor dos magistrados brasileiros. *Economic Analysis of Law Review*, Brasília-DF, v. 6, n. 1, p. 1-22, jan./jun. 2015.

ZANCHIM, Kleber Luiz. Intervenção e step-in rights: um conflito de poder entre administração pública e agente financiador nas parcerias público-privadas brasileira. *Revista de Direito Mercantil Industrial, Econômico e Financeiro*, São Paulo, ano XLV, p. 195-207, out./dez. 2006.

ZINGALES, Luigi. *A capitalism for the people*: recapturing the lost genius of American prosperity. New York: Basic Books, 2014.